KB071548

반항적인
아동·청소년 상담

| 강진령 · 윤소민 공저 |

for Oppositional Defiant Children and Adolescents

학지사

머리말

'반항적인 행동을 보이는 학생. 이러한 학생들을 이해하고 지도하는 데 도움이 되는 전문서적은 없을까?' 이 질문이 이 책의 집필 동기다. 아동과 청소년의 반항적인 행동에는 그 나름의 이유가 있지만, 교사들에게는 교실에서 이러한 학생들을 가르치고 지도하는 것이 적잖은 도전이 아닐 수 없다. 이러한 교사들을 조금이나마 돕고자 하는 바람이 모여 한 권의 책이 되었다. 학생들의 반항적인 행동과 태도의 원인 및 잠재적인 문제를 이해하는 한편, 이들을 도울 수 있는 방법을 터득하는 일은 교사뿐 아니라 부모에게도 의미 있는 경험이 될 것이다. 이러한 경험을 통해 부모와 교사가 학생 또는 자녀 지도 능력을 배양하여 그들이 자신에 대해 좀 더 좋은 느낌을 갖게 했으면 하는 것이 저자들의 작은 바람이다.

이 책은 교사와 학부모뿐 아니라 상담전문가들에게까지도 학생/자녀 지도 및 상담에 필수적인 desk reference로서의 활용도를 높이고자 하였다. 각 장에서는 학교현장에서 반항적인 행동을 나타내는 학생을 이해하고 지도하는 데 필요한 내용을 소주제별로 구분하여 꾸며 놓았다. 또한 각 장의 핵심 내용이나 지침은 글상자로 정리하여 가독성을 높이고자 하였다.

이 책은 총 6개 장으로 구성되어 있다. 제1장에서는 '반항적인 아동 · 청소년, 무엇이 문제인가' 라는 제목으로 이들이 학급과 구성원들에게 미치는 영향을 다루었다. 제2장은 '반항적인 아동 · 청소년, 그 원인은 무엇인가' 라는 제목으로 반항성의 원인에 대해 기술하였다. 제3장은 '반항적인 아동 · 청소년, 어떻게 판별하는가' 라는 제목으로 이러한 아동 · 청소년을 구별해 내는 방법을 소개하였다. 제4장은 '반항적인 아동·청소년, 어떻게 도울 것인가' 로, 이들을 위한 조력 방안을 정리해 놓았다. 제5장은 '반항적인 아동·청소년, 어떤 문제가 생길 수 있는가' 로, 이러한 아동·청소년으로 인해 발생할 수 있는 문제들을 소개하였다. 끝으로, 제6장에서는 '반항적인 아동·청소년의 행동개선, 어떻게 하는가' 라는 주제로 아동·청소년의 반항적인 행동에 변화를 주기 위한 방안에 대해 상세히 설명하였다. 추가로, 부록에는 '내 안에 숨은 강점 찾기(아동용)' '내 안에 숨은 강점 찾기(청소년/성인용)' '부모교육 프로그램 예시' 그리고 '나는 할 수 있다' 활동에 필요한 양식을 수록하였다.

아동·청소년의 반항적인 행동은 청소년기에 흔히 나타나는 것으로, 건강한 성인으로 성장하기 위한 성장통일 수 있다. 따라서 저자들은 교사, 학부모, 상담자에게 작은 도움이라도 되고자 하는 마음에 이 책을 엮기 시작하였다. 이 책이 궁극적으로 아동·청소년들의 성장과 발달 촉진에 도움이 되어 훌륭한 교사, 성숙한 부모로 거듭나는 데 일조할 수 있기를 기원한다. 끝으로 이 책의 출간을 위해 애써 주신 김진환 사장님과 편집을 맡아 주신 이지예 선생님께 진심 어린 감사의 인사를 드린다.

2014년 5월
저자

01

반항적인 아동 · 청소년, 무엇이 문제인가?

요즘 들어 학교 현장에서는 교사들 사이에서 이런 이야기를 흔히 들을
수 있다.

○ "이제 그 학생은 대놓고 선생님에게 손가락 욕을 해요."
○ "수업시간에 정작 해야 할 것은 안 하면서 내가 하는 얘기의 말꼬리만 잡아요. 진도
   를 못 나가겠어요!"
○ "오늘 그 애가 의자를 집어던져서 내가 맞았어요. 그 애는 정말 병원을 좀 가 봐야
   해요. 아니, 내가 먼저 진단을 받아 봐야 할 것 같아요."

하소연하던 교사는 답답한 마음에 눈시울이 붉어진다. 학생들과의 관
계에서 비롯되는 어려움을 극복하기 위하여 상담을 받거나 정신과 약을
복용하는 교사들도 있다. 학급에는 교사를 힘들게 하는 아이들이 있기
마련이다. 이러한 학생들을 다독이기도 하고 때로 혼내기도 하면서 한
해 동안 학급을 이끌어 가는 일은 교사로서의 보람이기도 하겠지만, 정
신적으로나 육체적으로 쉽지 않은 일이다. 더욱이 학생 인권이 강조되면
서 교사들은 갑작스럽게 학생들을 훈육할 수 있는 대책을 마련하는 데
일시적인 혼란을 겪기도 하였다. 다행히 학교 현장에서는 학교상담의 활
성화, 벌점제의 도입, 생활기록부에의 반영 등 생활지도 시스템이 구축
되어 점차 자리를 잡아 가고 있다. 그럼에도 교사와 학생 간의 관계의 질
은 여전히 생활지도 시스템의 성과에 중요한 영향을 미치는 변수로 작용
하고 있다.

학급에는 성실하고 예의 바르며 학업에 충실할 뿐 아니라 교우관계도
원만한 학생들이 있는가 하면, 빈둥대고 교사에게 사사건건 반항하며 학
업에는 관심을 보이지 않으면서 다른 학생들과 갈등을 빚곤 하는 학생들
이 있다. 다양한 일탈행동으로 교사의 주의를 끌려는 학생들을 지도하기
위해 교사들은 나름의 노력을 기울인다. 교사의 노력으로 행동에 변화를

보이는 학생이 있는 반면, 교사의 노력에도 불구하고 심각한 문제행동 또는 교칙위반 행위로 처벌을 받거나 심지어 학업을 중단하는 학생도 있다.

특히 반항적인 아동·청소년들은 교사의 지시를 무시하거나 규칙을 위반하여 주의를 끈다. 게다가 화가 나면 이성을 잃고 공격적·폭력적 행동을 나타내기도 한다. 또한 교사나 또래에게 시비를 걸거나 논쟁하거나 욕설을 퍼붓기도 한다. 심지어 이러한 자신의 행동에 반성의 기미를 보이지 않는 경향까지 있다. 그러나 이들도 실상은 자신의 행동에 불만족스러워하고 때로 비관하기도 한다. 그러다 보니 학업 또는 학교생활에 집중하지 못하며 쉽게 포기하고 좌절하는 경향을 보인다(Fundukian, 2011). 이러한 경향성은 장차 학습장애, 학교부적응, 약물남용, 비행 등으로 이어질 가능성을 높인다. 따라서 이 장에서는 반항적인 아동·청소년의 발생률과 문제행동에 대하여 알아보고자 한다.

반항적인 아동·청소년의 발생률

반항적인 아동과 청소년의 수는 과연 얼마나 될까? 반항성이 주요 진단적 특징인 반항장애oppositional defiant disorder는 표본 집단의 특성과 평가 방법에 따라 1~11%(평균 3.3%) 정도 발생하는 것으로 보고되었다(DSM-5, 2013, p. 464). 우리나라의 경우, 반항장애 학생은 전체 학생의 11%를 넘는다는 보고도 있다(서울시학교보건진흥원, 2005). 이는 가장 높은 발생률을 보인 주의력결핍 과잉행동장애attention deficit/hyperactivity disorder 다음으로 높은 것이다. 아동의 반항적인 행동 특성은 만 5~12세까지는 비교적 고르게 나타나다가 청소년기 이후부터 그 비율이 감소한다.

반항적인 아동·청소년의 분포

　반항적인 아동·청소년은 집단의 특성에 따라 어떤 양상을 보일까? 연령, 성별, 집단의 성격에 따른 반항적인 아동·청소년의 분포는 다음과 같다. 반항적인 행동은 일반적으로 만 7~8세에 나타나기 시작한다. 예를 들어, 초등학교 1학년 아동이 담임교사에게 반말을 하거나 무례한 태도를 보이면서 심지어 '아줌마' 또는 '아저씨'라고 부르기도 한다. 이는 아동이 학교라는 조직생활에 적응하지 못해서 나타나는 현상으로 볼 수도 있지만, 정도가 현저하게 심한 경우에는 반항적인 행동으로 간주된다.

　성별로 보면, 반항적인 태도는 남학생에게서 먼저 나타난다. 그리고 만 12세까지는 반항적인 남학생이 반항적인 여학생보다 2배 정도 많아진다. 그러나 중학생 시기가 되면 반항적인 남녀 학생의 비율이 비슷하거나 오히려 여학생이 더 많아진다. 특히 여학생들은 욕설을 포함한 과격한 언어, 폭력, 도벽 외에도 옷이나 헤어스타일, 화장 등으로 내면의 반항성을 표현하는 특징이 있다. 한편, 사회집단의 측면에서 반항적인 아동·청소년은 경제적으로 빈곤하고 사회적 계층이 낮은 집단, 약소 인종, 소수민족 집단에서 더 흔히 나타난다. 게다가 부모 중 적어도 한 사람이 기분장애, 반항장애, 품행장애, 주의력결핍 과잉행동장애, 반사회성격장애, 물질관련장애 등의 병력이 있는 경우가 많은 것으로 조사되었다(Ferrara, 2010).

반항적인 아동·청소년의 문제행동

　반항적인 아동·청소년은 적응과 조화가 필요한 학교생활에서 다양한 부적응 행동으로 교사를 당혹스럽게 한다. 이들의 반항성이 학업성취에 미치는 영향과 또래와의 관계에서 나타내는 양상은 다음과 같다.

반항성 vs. 학업성취

반항성과 학업성취는 어떤 관련성이 있을까? 학교는 아동이 부모의 보호를 벗어나 독립적인 사회생활을 시작하는 곳이다. 학생의 반항성이 학업성취에 미치는 영향에 관한 연구는 많이 있으며 이들의 관계는 학업성취의 기준, 평가 방식, 학생의 연령에 따라 약간의 차이는 있지만 서로 밀접한 관련이 있는 것으로 밝혀졌다(Fundukian, 2011). 반항성과 학업성취의 관계는 다음 세 가지 측면에서 살펴볼 수 있다.

첫째, 반항적 성향은 학업성취에 부정적인 영향을 미친다는 입장이다. 이러한 입장에서 반항적인 아동·청소년은 학교생활에 대한 관심이 미약하고, 교사와 친밀한 관계를 형성하지 못하며, 지각, 결석이 잦고 학업에 집중하지 않는 특징이 있다. 따라서 여기서는 지각, 결석, 주의산만을 비롯하여 수업시간에 딴짓을 반복하는 학생의 부적응 행동이 반복됨에 따라 교사와 학생 간의 관계가 점차 악화되고, 이는 결국 학생의 학업성취 저하로 이어진다고 주장한다. 특히 반항적인 행동이 유아기에 시작되거나 반항의 지속 기간이 길수록 학업성취는 더욱 낮아진다(Kingston & Prior, 1995).

둘째, 낮은 학업성취가 학생의 반항성을 유발한다는 입장이다. 원래 반항적이지 않았던 학생이 학교에서 학업성취가 높지 못하면 반복해서 좌절감과 패배감을 맛보게 된다. 그리고 교사의 "공부를 좀 해야지!" "이래서 되겠어?" 등과 같은 질타의 말을 듣고 또래들의 무시를 의식하면서 점차 소외감을 느끼게 된다. 처음에는 이를 무마해 보려고 오히려 아는 척을 하는 등 자신을 과시해 보려고 하지만, 결국 교사, 또래, 학교 전체에 대하여 반감을 갖게 된다. 이처럼 학생의 낮은 학업성취가 지속되면 반항성이 유발된다고 본다.

셋째, 사회통제이론social control theory의 관점이다. 학생이 속한 사회에는 크고 작은 지향점, 암묵적 규율, 도덕적 약속 등이 존재한다. 학생에 따라 자신이 속한 사회에 대한 소속감이 다르고 사회를 구성하고 있는 요소들에 대한 결속력에 차이가 있다. 사회통제이론에서는 자신이 속한 사회에 대한 소속감이 낮고, 사회를 구성하는 각 요소에 대한 결속력이 약하면 반항적인 성향을 갖게 된다고 본다. 이 이론적 접근에 따르면 반항적인 아동·청소년은 학교나 학급에 대한 소속감이 약하여 이곳에서 제공하는 배움과 경험을 불신하게 됨으로써 배타적 태도를 형성하고 학업성취가 낮아진다.

대부분의 학교에서는 교복 착용, 교복 줄이기 금지, 파마 또는 염색 금지, 월담 행위 금지, 복도 우측통행, 수업시간에 학원 숙제 금지, 실내화 신고 운동장 출입 금지 등과 같은 규칙을 정해 놓고 이를 어길 경우 벌점을 주기도 한다. 따라서 학생들은 대체로 이러한 규칙을 준수하고자 한다. 그런데 학교에 대한 소속감과 학급에서의 결속력이 약한 학생은 이러한 규율을 거부하고 어기며 반항적인 태도를 보인다. 뿐만 아니라 이러한 규율에 이의를 제기하며 따지기도 한다. 이런 태도가 습관이 되면 지속적으로 이의를 제기할 만한 것에 집중하게 된다. 이러한 거부적인 태도는 학습태도에도 영향을 주게 되어 학업성취 저하의 원인으로 작용한다. 더욱이 반항적인 행동은 주의집중 문제를 수반하는데, ADHD 증상을 동반한 학생의 경우, 학업성취에 미치는 폐해가 더욱 심각해진다(Ferrara, 2010). 앞서 제시한 세 가지 입장은 모두 타당한 것으로 인정되나, 최근에는 사회통제이론의 입장에서 설정한 가설이 가장 주목받고 있다.

격리된 반항적인 학생의 무력감

반항성 vs. 또래관계

　　반항성은 또래관계에 어떤 영향을 미칠까? 반항적인 아동·청소년은 단지 어른이나 권위적인 존재에게만 공격적인 성향을 보이는가? 이들에게 공통적으로 나타나는 비판적·공격적 성향은 다른 또래들에게 어떤 영향을 미치는가? 또한 학생 자신은 또래관계에서 어떤 경험을 하게 되는가?

학교 내 또래관계

　　반항적인 성향이 강한 아동·청소년들은 일반적으로 사회적 기술이 서투른 편이다. 그래서 다른 사람의 말이나 행동을 쉽게 오해하고, 상대방이 비언어적으로 표현하는 사회적 단서를 잘 읽지 못한다. 더욱이 자신이 오해한 사실을 의심 없이 믿고 상대방을 공격한다. 이처럼 아동·청소년의 반항성은 어른들과의 관계에서뿐 아니라 일상생활 중 또래와의 관계에서도 유대관계 형성을 어렵게 한다. 반항적인 아동·청소년의 또래에 대한 공격성은 다른 사람에게 해를 입히거나 물건을 파손하는 행위로 나타난다. 즉, 상대방의 옷 자르기, 머리카락 잡아당기기 또는 자르기, 학용품 파손 또는 화장실 등에 숨기거나 버리기, 돈 또는 물건 훔치기, 교실 문을 발로 차거나 주먹으로 쳐서 파손시키기, 유리창 깨기, 커터칼 등으로 상대방 위협하기 등이다. 이러한 공격적인 행동은 또래들과의 관계를 손상시켜, 반항적인 아동·청소년은 흔히 학교에서 외톨이 신세가 된다.

물론 반항장애로 진단되는 학생들 외에도 품행장애 또는 불안장애가 있는 학생들 역시 또래관계에서 거부당하는 특징이 있다. 예를 들어, 불안장애가 있는 학생들에게는 심한 불안이나 주관적으로 경험하는 강한 두려움, 이러한 불안을 감소 혹은 제거하기 위한 부적응 행동이 특징적으로 나타난다. 즉, 현실적으로 위험이 없는 대상이나 상황에 대해서도 두려움을 느끼고, 현실적인 위험 정도에 비해 지나치게 두려움을 갖거나 위협적 요소가 사라져도 두려움을 지속해서 갖는 특징을 보인다.

불안장애가 있는 학생들의 이러한 성향이 또래관계에서 거부당하는 이유가 되기는 하지만, 공격성이 강하지 않아 또래들과의 관계에서 큰 문제를 일으키지는 않는다. 반면, 반항적인 아동·청소년의 공격적 성향이 또래관계에 미치는 영향은 훨씬 더 심각하다(Harris & Thackerey, 2003). 한 학생이 반항적인 아동·청소년에게 심리적·신체적·물질적 측면에서 피해를 입게 되면 이 사실은 다른 학생들에게 알려지게 된다. 그 결과, 다수의 학생들이 공감대를 형성하게 되고 이들은 반항적인 아동·청소년의 공격에 대한 두려움으로 그 학생을 배제하게 된다. 따라서 공격적인 학생은 자신이 공격한 학생보다 훨씬 더 많은 수의 또래들로부터 거부를 당한다.

학교 밖 또래관계

반항적 성향이 강한 학생은 다른 사람들이 자신을 '반항아'로 보는 시선과 자신에 대한 거부를 느끼면 더욱더 대범하게 행동하는 경향이 있다. 그래서 그냥 지나칠 만한 사소한 일에도 예민하게 반응하여 공격적인 행동을 나타냄으로써 또래관계에서 고립을 자처한다. 그런데 이러한 대인관계는 비단 또래관계에서만 끝나는 것이 아니다. 학생의 부모 역시 자녀의 공격성으로 지역사회에서 다른 부모들과 유대관계를 맺기가 어렵고 자주 구설수에 오르게 된다. 게다가 반항적인 아동·청소년은 스터디 그룹, 소그룹 체험학습, 캠프 등의 모임에서 거부당한다. 이처럼 학교 안팎에서의 거부는 반항적인 아동·청소년에게 또 한 번의 소외를 경험하게 한다.

초등학교와 그 이전 시기의 아동들은 다른 아동의 공격성에 민감하게 반응하지 않는 경향이 있다. 이 시기의 아동들은 보복에 대한 두려움 때문에 반항적인 아동에게 부정적인 감정을 표출하지 않으며, 놀이에서 문제아동을 배제시키는 방법이 능숙하지 못하다. 이러한 이유로 인해 반항적인 아동·청소년은 자신의 공격성이 또래들의 심리적 거부를 받게 되어도 정작 자기 자신은 인식하지 못할 수 있다.

그러나 학년이 높아질수록 이러한 상황은 달라진다. 반항적인 아동·청소년의 공격적인 행동에 피해를 입은 학생들의 수가 늘어나면서 반항적인 아동·청소년은 집단따돌림의 대상이 되고, 이러한 상황은 학교 안팎에서 겹쳐지게 되어 학교생활을 힘들어하게 만든다. 이로 인해 낮은 학업성취와 학습부진, 상습적 도벽, 무단결석, 장기결석, 가출 등과 같은 문제행동이 나타나고, 심지어 경찰의 개입이 필요한 상황으로 이어지기도 한다.

반항적인 아동·청소년에 대한 인식에 영향을 미치는 요인

반항적인 아동·청소년은 자신의 반항적 성향 외에 다른 요인에 의해서도 일상생활에 지장을 초래한다. 반항적인 아동·청소년을 인식하는 데 영향을 미치는 요인으로는 성별, 또래관계, 교사와의 관계 등 세 가지를 들 수 있다. 먼저, 성별에 따라 반항적인 아동·청소년들에 대한 인식은 어떻게 달라질까?

성별

반항적인 아동·청소년에 대한 인식에 영향을 미치는 첫 번째 요인은 성별gender이다. 실제로 반항적인 행동에 대한 인식은 성별에 따라 유의한 차이가 있다(Burke, Loeber, & Birmaher, 2002). 남학생의 경우, 학교급 또는 학교 상황이나 분위기에 따라 반항적·공격적 성향이 또래로부터 배척받는 주된 원인이 되지 않는 경우도 있다. 이는 특히 도전적이고 공격적인 성향을 남성성의 긍정적인 특성으로 인정해 주는 사회 분위기와 무관하지 않다. 남학생은 비슷한 성향의 또래들과 어울리고 의기투합하는 경향이 있다. 특히 또래집단 간에 갈등이 발생하는 경우 공격적으로 대응하는 학생은 소속집단의 영웅으로서 선망의 대상이 되기도 한다. 남학생들은 평소 힘과 공격적 행동으로 학급을 좌지우지하려는 반항적인 아동·청소년에 대하여 불편해하면서도 관계를 잘 맺어 놓으면 필요한 경우에 자신을 지켜 줄 수 있는 대상으로 여기기도 한다.

그러나 여학생의 경우는 다르다. 학년이 올라갈수록 공격성을 보이는 여학생에 대한 주변 사람들의 인식은 대체로 부정적이다. 교사, 학부모, 또래들은 여학생이 사소하게 공격적인 행동을 보여도 이전 사례와 결부시켜 소위 '문제 여학생'으로 인식한다. 과격하고 공격적인 성향은 전통적으로 여성의 긍정적인 특성으로 보이지 않기 때문에 반항적인 여학생의 행동은 더욱 부정적으로 비춰진다. 이러한 점에서 반항적인 여학생은 남학생에 비해 더욱 고립된 처지에 놓일 수 있다.

또래관계

반항적인 아동·청소년에 대한 인식에 영향을 미치는 두 번째 요인은 또래관계peer relationship다. 또래들과의 원만한 관계 형성과 유지는 학생들의 안정된 학교생활과 밀접한 관계가 있다. 단짝친구가 있는 학생이 설령 집단따돌림을 받는 상황에 놓이더라도 그리 절박한 처지가 되지 않는 것도 바로 이러한 이유 때문이다(Burke, Loeber, & Birmaher, 2002). 간혹 반항적인 아동·청소년들이 교우관계를 잘 맺는 것처럼 보일 수 있지만 실상은 그렇지 않다. 원만한 교우관계는 이해, 경청, 포용 등과 같은 사회적 기술을 기반으로 형성된다. 그러나 반항적인 아동·청소년들은 사회적 기술이 크게 부족하여 친구를 깊이 사귀지는 못한다.

반항적인 아동·청소년은 학교보다는 이웃에 사는 또래들과 친구관계를 형성하는 경향이 있다. 이들 중에는 자퇴생이나 무단결석 또는 장기 결석 중인 학생, 이성 친구를 통해서 알게 된 학생, PC방과 같은 유흥업소에서 알게 된 또래 등과 관계를 형성하는 학생도 있다. 이렇게 형성된 관계는 서로의 소외감과 외로움을 나누는 데 도움이 되지만, 감정의 깊이가 얕아 서로를 깊이 이해하거나 포용하지 못하고, 관계의 지속 기간이 짧고서로의 성장을 향상시켜 주지 못하기 때문에 관계에 대한 만족도 또한 낮다(Darity, Jr., 2008).

일반적으로 교우관계는 유유상종類類相從, 즉 성별, 부모의 직업, 사회경제적 수준, 학업성취도 등에서 유사한 학생들 사이에 형성되기 쉽다. 이러한 경향성은 반항적이고 공격적인 학생들도 마찬가지여서 이들 역시 비슷한 문제행동을 지닌 학생들과 관계를 형성하게 된다. 이러한 경향성은 여학생보다는 남학생들에게서 더 심하고, 나이가 어릴수록 더 확실히 나타난다(Darity, Jr., 2008). 이렇게 비슷한 문제행동을 지닌 친구를 사귀게 되는 경우, 학생들은 더욱 대담해져서 보다 심하게 반항하고 과

감한 일탈행동을 나타낸다. 특히 한 학급에 이러한 학생이 둘 이상 있으면 이들은 교사의 지시를 무시하거나 반항적인 행동을 서로 지원하며, 학급의 중요한 결정을 주도하여 담임교사와 다른 학생들에게 피해를 입히기도 한다.

일탈행동이나 비행을 일삼는 또래들과의 관계는 교사나 부모 등 어른에 대한 반항심을 더욱 고조시킨다. 실제로 미성년자 범법자들의 범죄행위는 학생의 가정환경과 관계없이 비행 청소년과 사귄 것이 원인이었다 (Burke, Loeber, & Birmaher, 2002). 뿐만 아니라 비행 청소년과 관계를 형성하기 시작하는 시기 역시 일탈행동의 발생에 중요한 변수로 작용하였다. 즉, 만 8세 이전에 비행 청소년과 사귀었던 학생들은 막상 청소년이 되면 비행 청소년과 어울리거나 범법행위를 저지르는 확률이 낮았다. 반면, 만 8세 이후에 비행 청소년과 어울렸던 학생은 청소년이 되면서 범법행위를 하거나 비행 청소년과의 관계를 지속하는 비율이 높았다(Bullock, Dishion, & Ponzetti, 2003). 따라서 만 8세 이후에 비행 청소년과 교우관계를 형성하여 함께 어울려 다니는 학생들은 그만큼 일탈행동의 고위험군에 속할 가능성이 높다고 할 수 있다.

교사와의 관계

반항적인 아동 · 청소년에 대한 인식에 영향을 미치는 세 번째 요인은 교사와의 관계다. 학생들은 학습 내용이나 방법뿐 아니라 잠재적 교육과정, 학교의 특색이나 추진사업, 담임교사 및 과목교사, 학교행정가 등 교직원의 처우 방식에 직간접적으로 영향을 받는다. 특히 담임교사를 비롯한 상담교사들은 반항적인 아동 · 청소년의 판별과 이들의 학교생활 만족도를 좌우할 수 있는 중요한 위치에 있다.

교실에서 반항적으로 행동하는 학생은 여러 학생을 가르치고 지도하

반항적인 학생의 자리배치

면서 매 시간 학습 목표를 달성해야 하는 교사의 에너지를 고갈시킨다. 반항적인 아동·청소년이 수업을 방해할 때면 교사들은 흔히 교탁 옆 혹은 맨 뒷자리에 앉히거나 교실 뒤에 서 있게 함으로써 문제행동을 교정하고자 한다. 그러나 이러한 조치는 해당 학생의 소외감과 반항심을 자극하여 더 심한 공격적인 행동으로 이어지게 만들 수 있다. 즉, 수업시간에 고립된 것에 대하여 억눌려 있던 감정을 쉬는 시간에 폭발적으로 표출함으로써 다른 학생들과 큰 다툼을 일으키기도 한다. 반복되는 다툼과 반항은 교사의 학습지도와 학급경영에 더 큰 어려움을 초래한다. 교사와의 갈등, 또래들로부터의 거부, 처벌적 자리배치 등으로 인하여 반항적인 학생의 사고·감정·행동은 악순환되면서 결국 학교생활과 학업성취에 지장을 초래한다.

02

반항적인 아동 · 청소년,
그 원인은 무엇인가

- 생물학적 원인
- 가정환경적 원인
- 사회문화적 원인
- 생물환경적 원인

학생이 반항적인 행동을 하게 되는 원인은 무엇일까? 학생들의 문제행동이 발생하거나 반복되면, 그들의 행동을 주의 깊게 관찰하거나 학생에 관한 정보와 자료의 분석을 통해 원인을 파악할 필요가 있다.

글상자 2-1   학생의 문제행동에 대한 일반적인 추론

○ "호은이는 초등학교를 마치고 기숙사가 있는 대안학교에 입학했대요. 엄마가 바쁘기도 하고 자유롭게 공부할 수 있다고 해서 갔다는데, 학교생활에 적응하지 못해 1학년도 마치지 못한 채 학교를 그만두었어요. 호은이는 자기를 대안학교에 보낸 엄마를 원망하며 엄마에게 적대적으로 대하면서 폭언을 퍼붓기도 한다네요. 지금은 집 근처에 있는 중학교에 다니는데, 그 학교에서는 다른 학생들과 잦은 다툼으로 소위 문제아로 찍혔다는 것 같아요."

○ "민수가 그렇게 반항적인 아이로 변한 이유는 부모님의 양육태도 때문인 것 같아요. 이번에 민수가 스마트폰을 새로 구입했는데, 엄마가 처음에는 안 된다고 했대요. 그런데 민수가 스마트폰을 안 사 주면 가출하겠다고 으름장을 놓자마자 엄마는 그날로 스마트폰을 사 줬다네요."

○ "우리 반 정진이가 폭력적인 행동을 반복하는 것은 아무래도 상습적으로 술을 마시고 가족에게 폭력을 휘두르는 아버지의 영향인 것 같아요. 아버지의 행동을 보고 배우는 것도 있겠지만, 유전적인 영향도 있지 않을까 생각되네요."

반항적인 아동·청소년은 타인에 대한 적대감을 갖고 있으며 이를 긍정적으로 해결하거나 조절하는 것을 어려워한다. 이들이 적대감을 공격적으로 표출하는 것은 학부모, 교사, 다른 학생들과의 인간관계에 부정적인 영향을 미친다. 공격성은 내면의 충동(Freud, 1938/1995), 종족 유지를 위한 본능적 투쟁(Lorenz, 2005), 욕구 좌절, 보상과 벌의 부적절한 적용, 부모나 또래, 매체 등을 통한 모델링에 의해 형성, 강화, 유지될 수 있다(Bandura, 1977). 최근에는 사회인지적 측면에서의 영향이 강조되면서 반항적·공격적 행동의 원인을 심리사회적 환경에서 찾고자 하는 노력

이 이루어지고 있다. 이 장에서는 반항적인 행동의 생물학적 · 가정환경적 · 사회문화적 · 생물환경적 원인에 대하여 살펴보자.

생물학적 원인

학생의 반항적인 행동이 생물학적 원인, 즉 선천성에 기인한다고 보는 입장에서도 그러한 선천적 반항성이 그대로 발현된다고 보지는 않는다. 다만 여러 영역의 행동 성향 중에서 반항적인 성향이 부정적인 환경 요인과 만나는 경우 두드러지게 나타나는 것으로 본다. 반항적인 행동의 생물학적 원인은 유전과 신경심리학적 · 신경생물학적 특징으로 나누어 살펴보기로 한다.

유전 vs. 반항성

반항성은 유전에 의한 것일까? 이에 대한 연구는 주로 임신, 분만, 출산 전후의 위험 요인에 관한 통계자료 분석과 쌍생아 및 입양아를 대상으로 실시되었다.

임신, 분만, 출산 전후의 위험 요인

학생의 반항적인 행동이 유전에 의한 것이라는 전제로 실시된 연구들의 결과를 요약하면 다음과 같다. 첫째, 반항성은 어머니의 임신 중 심한 스트레스 또는 약물복용과 관련이 있었다. 둘째, 출산 시 합병증을 경험하였거나(가벼운 정도의 산후 우울증이 아닌) 아기를 제대로 돌보지 못할 정도의 심각한 우울증 상태가 8주 이상 지속된 경우 학생의 반항성과 유의한 상관이 있었다. 동물 대상 실험에서도 임신한 동물에 반복적인 심리적·신체적 스트레스를 가했을 때 출생한 동물의 대뇌는 정상적인 비대칭을 이루지 못하였다.

이러한 결과를 미루어 보아, 사람에게 있어서도 임신기의 스트레스는 태아의 중추신경계 발달에 영향을 미칠 수 있다는 추론이 가능하다. 특히 행동에 있어서 심각한 문제를 나타내는 학생들의 뇌 영상을 통해 그 기능을 측정한 연구에서는 전두엽, 미상핵 등에서 이상이 관찰되었다. 이러한 일련의 연구 결과를 고려해 볼 때 어머니의 임신기 스트레스는 태아의 중추신경계에 구조적 이상을 유발할 수 있음을 유추해 볼 수 있다.

유전에 관한 연구 결과

반항적인 아동·청소년이 보이는 반사회적 태도와 공격적 행동의 유전적 원인을 찾기 위해 오래전부터 쌍생아와 입양아를 대상으로 한 연구들이 진행되어 왔다. 지금까지의 여러 연구에서 초기 아동기의 심각한 반사회적 성격과 청소년 후기에 드러나는 품행장애conduct disorder의 원인은 유전에 의한 것이라는 결과가 보고되었다. 또한 불복종과 반항적인 행동보다는 동물학대나 방화 등의 행동이 유전에 의해 나타날 확률이 더 높다는 연구 결과도 있었다. 그러나 이러한 문제행동들이 유전에 의해 다음 세대에 전달된다고 보고한 연구들은 직접적으로 전달되는 요소에 대해서 구체적으로 입증하지 못하는 한계가 있다.

신경심리학적·신경생물학적 특징 vs. 반항성

반항적인 아동·청소년의 신경학적 특징은 무엇일까? 반항적인 아동·청소년은 일반적으로 신경심리학적·신경생물학적으로 높은 수준의 활동성, 조급함, 좌절에 대한 인내심 부족, 정서적 불안정성 등의 특징을 보인다. 이러한 특징은 부정적인 환경 요인들과 상호작용하면서 더욱 두드러지게 된다. 여기서는 반항적인 아동 · 청소년이 보이는 행동활성화체계의 과잉발달과 낮은 수준의 자율신경계 활성화에 대하여 구체적으로 살펴보기로 한다.

행동활성화체계의 과잉발달

허버트와 앤(Herbert & Anne, 1999)은 신경심리학적 모델을 통하여 ADHD, 반항장애, 품행장애의 원인을 설명하고자 하였다. 이 모델에 따르면, 사람은 행동활성화체계behavior activation system, 행동억제체계 behavior inhibition system, 일반각성체계nonspecific arousal system를 통하여 사회적 · 정서적 상황을 조절한다. 그런데 반항적인 아동 · 청소년은 어린 시절에 행동억제체계가 매우 약하고 행동활성화체계가 지나치게 발달하는 불균형을 보인다. 이러한 학생들은 행동활성화체계의 영향으로 끊임없이 즉각적이고 긍정적인 보상을 추구한다.

그러면서도 이 과정에서 발생하는 실패, 벌, 타인의 좋지 못한 시각 등의 부정적인 결과는 축소 또는 무시하는 특징이 있다. 특히 파괴적 성향이 강한 학생의 경우 즉각적인 보상을 얻기 위해 행동하는 경향이 두드러진다. 또한 보상이 점차 뜸해지거나 약해지는 것과 관계없이 동일한 수준의 보상을 얻을 때까지 같은 행동을 반복한다는 특징이 있다. 즉, 자신의 행동에 대한 결과나 상대의 반응을 고려하지 않고 자신의 욕구를 충족시키고자 한다.

낮은 수준의 자율신경계 활성화

공격적 · 반항적 · 폭력적 성향은 자율신경계의 활성이 저조하고 시상하부, 뇌하수체, 부신피질축HPA axis의 반응이 낮은 것과 관련이 있다 (van Goozen, Matthys, Cohen-Kettenis, Buitelaar, & van Engeland, 2000). 즉,

반항적인 사람의 자율신경계와 생물학적 활성도는 반항적이지 않은 사람에 비해 더 낮은 것으로 나타났다. 그러나 이러한 특징이 반항적인 성향과 직접적인 인과관계가 있는지에 대해서는 아직 구체적으로 밝혀지지 않았다.

가정환경적 원인

학생의 반항적인 행동이 가정환경에서 기인한다고 보는 연구자들은 주로 가정 분위기와 부모의 훈육 방식에서 그 원인을 찾고자 하였고, 이러한 주장을 입증해 왔다. 즉, 반항적인 아동·청소년은 유아기부터 불안한 가정 분위기, 일관성 없는 양육 방식 등에 의해 성급함, 분노의 과도한 표출, 새로운 환경에의 부적응, 불규칙적인 식사나 수면 문제 등 까다로운 기질을 보인다고 보고된 바 있다. 그렇다면 가정 분위기와 부모의 훈육 방식은 반항적인 아동·청소년의 성격 형성에 어떠한 영향을 주는지 구체적으로 살펴보자.

가정 분위기 vs. 반항성

가정 분위기와 학생의 반항성은 어떠한 관계가 있을까? 반항적 성향은 불화가 심한 가정에서 성장한 경우 혹은 부모 중 한 명이라도 정서장애가 있거나 과거에 이를 경험한 경우에 더 흔히 발생한다. 또한 주거환경이 열악하거나 사회경제적 수준이 낮은 가정에서 자녀의 반항성은 더욱 증가한다. 자녀의 반항성은 부모와의 갈등을 초래하여 일관성 있는 양육을 어렵게 한다. 부모의 비효과적인 양육은 다시 자녀의 반항으로 이어져 악순환의 고리가 형성된다. 그 결과, 가족 구성원들 간의 결속력이 약화되고 불안정해져서 상호 지지해 주지 못하는 가정 분위기가 조성된다.

반항성에 가장 큰 영향을 미치는 요인은 어머니와의 관계의 질이다. 개인이 최초로 인간관계를 형성하는 대상은 어머니다. 그런데 어머니가 산후 우울증을 앓는 경우, 태아는 산모로부터 성장에 필요한 자극을 받지 못해 신경발달에 심각한 지체를 겪게 된다. 특히 생후 1년 이내에 어머니가 양육을 제대로 하지 못하는 경우 파괴적인 공격성이 더 많이 나타났으며, 이는 성인기에 심각한 범죄를 일으키는 것과 연관이 있었다.

반항성에 영향을 미치는 또다른 원인으로 양육자의 잦은 교체를 들 수 있다. 어린 시절 양육자가 자주 바뀌어 보호자와의 애착 형성이 어려웠거나 보살핌이 결여된 가정에서 성장한 아동에게서 반항적인 성향이 나타났다. 또한 부모의 지나친 엄격성이나 언행의 불일치 역시 자녀가 반항적 성향을 형성하는 원인이 되었다. 예를 들어, 자녀의 친구 앞에서는 그 친구에 대한 칭찬과 격려의 말을 아끼지 않다가도 그 친구가 없는 자리에서는 "저런 아이와 가까이 하지 마라."라며 험담하는 부모의 행동은 어른에 대한 신뢰를 잃게 하여 반항성을 유발한다.

이러한 부모의 이중적인 모습을 보고 자라는 자녀는 부모를 불신하게 되고, 이는 어른에 대한 부정적인 생각으로 일반화되어 반항적인 행동으로 나타난다. 그 밖에도 학생의 반항적인 성향을 부추기는 가정분위기와 관련된 요인으로는 부모의 범죄 행위, 부모의 부도덕한 직업, 부모의 갈등, 가족 구성원의 약물이나 알코올 남용, 잦은 이사, 가족 구성원 간의 불신 등을 들 수 있다.

훈육 방식 vs. 반항성

부모의 어떤 훈육 방식이 자녀의 반항성을 키울까? 일반적인 가정에서는 부모가 자녀를 훈육할 때 자녀가 어쩔 수 없이 부모를 따르게 하는

'최후의 방법'을 부모가 가지고 있다. 즉, 부모의 요구를 거부하다가도 부모가 최후의 방법을 사용하는 경우, 자녀는 어쩔 수 없이 순종해야 한다는 것을 알고 있다. 그러나 반항적인 자녀가 있는 가정에서는 오히려 역으로 자녀가 최후의 방법을 갖고 있으면서 필요한 경우 이를 부모에게 발휘하곤 한다(Dumas, LaFreniere, & Serketich, 1995). 이 경우, 반항적인 자녀와 부모 사이의 힘겨루기는 대부분 자녀의 공격적·파괴적 행동으로 인해 자녀의 승리로 끝난다. 결국 부모는 자녀의 강한 요구를 효과적으로 제어하지 못하고 허락함으로써 일관성을 잃고 끌려가게 된다.

이렇게 자녀의 반항적이고 공격적인 문제해결 방식이 효력을 발휘하고 이런 형태의 상호작용이 반복되면 반항과 공격은 자녀의 의사소통 방식으로 자리 잡게 된다. 즉, 자녀는 부모와의 관계를 통해 가정에서부터 반항적·공격적 의사소통 방식을 체득하게 되는 것이다. 이는 결국 다른 가족 구성원도 이에 대응하기 위해 공격적 의사소통 방식을 사용하게 되는 결과를 초래한다. 그 결과, 해당 자녀는 공격성과 반항성 외에 효과적인 의사소통 방식에 대한 필요성을 느끼지 못하게 되면서 이를 유지해 가게 된다.

가족 구성원과의 관계나 부모의 훈육 방식은 자녀의 발달단계에 따라 자녀에게 미치는 영향에 차이가 있지만, 대체로 자녀의 행동 패턴에 영향을 미친다. 예를 들어, 가정에서 가혹할 정도로 체벌을 받는 자녀는 다른 사람에 대하여 반항적인 태도를 취하거나 공격적인 행동을 표출하게 되기 쉽다. 또한 다른 사람과의 문제해결 과정에서 부모가 보여 준 방식을 그대로 취하는 경향이 있다. 특히 신체적으로 학대받고 버려진 경험이 있는 학생들은 사회경제적 요인의 영향을 배제하더라도 상대적으로 공격적이고 반항적인 행동을 보이는 경향이 있다.

이외에도 훈육 방식이 거칠지는 않더라도 애정표현이 적은 부모의 자녀 역시 반항적인 행동을 나타낼 가능성이 높다. 아동의 요구에 대한 부모의 부족하거나 적절하지 못한 반응, 신생아 때부터의 불안정하고 일관성 없는 애착, 긍정적인 활동의 공유 부족, 칭찬과 격려 부족, 부모의 감정에 따른 가혹하고 일관성이 결여된 훈육, 취학 전 사회적 기술을 배울수 있는 기회와 격려의 제한 등은 아동의 반항적 성향을 악화시킬 수 있는 부모의 양육 태도에 속한다.

가정 · 학교 vs. 반항성

가정과 학교는 학생의 반항성에 어떤 영향을 미칠까? 반항적인 아동 · 청소년은 가정에서뿐 아니라 학교에서도 배척당할 수 있는 행동으로 또래들과 교사로부터 부정적인 인식을 얻게 된다. 이로 인해 반항적인 아동 · 청소년은 또래들과의 관계를 형성 · 유지할 수 없게 되어 정서적 · 사회적 기술을 발달시킬 수 있는 기회를 잃게 된다. 이는 인간관계에서뿐 아니라 학업적 측면에서도 마찬가지다. 반항적인 아동 · 청소년들은 흔히 학교에서 요구하는 지식과 기술이 부족한 상태에서 입학하게 된다. 이러한 공백은 교사나 또래들과의 관계 형성 및 원만한 학교생활을 통해 채워져야 한다. 그러나 학생의 반항적인 태도와 공격적인 행동으로 인해 원만한 관계 형성이 어려워지고 부족한 영역의 공백이 커지면서 학습 동기 역시 크게 저하될 수 있다.

교사들은 흔히 문제를 일으킨 학생의 부모를 학교로 호출하여 학교에서 일어난 일들을 부모에게 알림으로써 문제해결을 모색한다. 그러나 부모는 부모대로 직장, 가정생활, 자녀의 학교생활 문제 등으로 인한 스트레스 때문에 문제해결을 위한 여력이 없는 경우가 허다하다. 더욱이 이러한 일이 반복되면 부모는 교사의 상담 요청 자체를 거부하면서 자포자기 상태가 되기도 한다. 이 상태가 장기화되면 교사, 또래들, 부모까지 학생의 반항적인 행동에만 민감하게 반응하면서 지속적으로 부정적인 피드백을 보내게 된다. 이러한 악순환이 계속되면 반항적인 아동·청소년은 자신의 행동을 스스로 통제하거나 변화를 꾀하기 어려운 환경의 희생자로 전락하게 될 수 있다.

사회문화적 원인

학생을 둘러싸고 있는 사회문화적 위험 요인들은 독립적으로 학생의 반항적·공격적 행동의 원인을 제공하기보다 다른 요인들과의 상호작용을 통해 영향을 미친다. 학생의 반항적인 행동에 영향을 미치는 사회문화적 원인은 사회경제적 지위, 열악한 이웃 환경, 간접 폭력에의 노출을 중심으로 살펴보기로 한다.

사회경제적 지위

부모의 사회경제적 지위는 자녀의 반항성에 어떤 영향을 미칠까? 사회경제적 지위가 낮은 가정은 대체로 부모의 교육 수준이 낮거나 실업으로 인한 불화가 있거나, 주거환경이 열악하다는 특징이 있다. 빈곤과 동시에 발생하는 문제들이 있으므로 빈곤만으로 학생의 반항성에 미치는 영향을 확인하기에는 한계가 있다. 그럼에도 지금까지의 연구 결과에 따르면 가정의 낮은 사회경제적 지위는 아동과 청소년의 파괴적이고 반사회적 성향과 밀접한 관련이 있다(Burke, Loeber, & Birmaher, 2002). 특히 소비지향주의가 만연해진 요즈음, 가정이 빈곤하여 소비 욕구를 억압하거나 좌절시켜야 하는 경우, 억눌린 욕구를 공격적인 행동으로 표출하기 쉽다. 또한 비록 일시적이라 하더라도 빈곤은 학생의 폭력적이고 파괴적인 행동에 영향을 미치는 것으로 보고되고 있다.

열악한 이웃 환경

이웃은 학생의 반항성에 어떤 역할을 할까? 맹모삼천지교孟母三遷之敎.
맹자의 어머니가 아들 맹자의 교육을 위해 교육환경이 좋은 곳으로 세
차례나 집을 옮겼다는 일화에서 유래된 말이다. 이 일화에서도 알 수 있
듯이 학생의 생태학적 환경은 직간접적으로 학생의 성장과 발달에 영향
을 미친다. 예를 들어, 사회경제적 지위가 낮은 가정, 한부모 가정, 조손
가정 등 사회적으로 취약한 계층의 자녀들의 경우, 열악한 주변 환경과
소비 욕구의 억압 등으로 공격적인 성향이 심각해질 수 있다.

청소년의 공격성과 비행은 시골보다 도시에서 더 심하고, 일반 주택가
보다 시장이나 유흥업소가 있는 교육적으로 열악한 지역에서 더 심각한
편이다. 이러한 환경에는 흔히 반항장애로 조기 판정되는 학생들도 있
다. 한편, 윤택하고 온화한 이웃과 환경은 가정적인 요인으로 반항성을
갖게 되는 학생이 있다 하여도 이를 보호하여 공격성을 완화시키기도 한
다(Burke, Loeber, & Birmaher, 2002). 이러한 측면에서 지역사회와 같은 생
태학적 환경은 반항적인 성향을 형성하는 데 있어 가정과 학교만큼이나
중요한 역할을 한다.

간접 폭력에의 노출

폭력에 간접적으로 노출되는 것은 학생의 반항성에 어떠한 영향을 미
칠까? 요즘 청소년들은 스마트폰, TV, 컴퓨터, 영화, 비디오 게임 등을
접하는 일이 쉽고, 이들 기기는 청소년들 생활의 일부가 되었다. 학생들
은 부모와 교사의 눈을 피해 PC방이나 게임방과 같은 공간에서 만나 그
들만의 은어로 대화하고 음란물을 공유하기도 한다. 실제로 학생들이 스

간접 폭력에 노출된 환경

마트폰이나 컴퓨터를 통해 폭력적인 오락이나 만화, 성인용 정보에 접하거나 불법 웹사이트에 방문하는 것은 그다지 어렵지 않다. 물론 학교에서는 가정에 다양한 유해 사이트 차단 프로그램을 배포하여 가정용 컴퓨터에 설치할 것을 권장하고 있다. 하지만 학생들은 모바일 메신저를 통해 손쉽게 유해 사이트의 URL을 공유하고 있는 실정이다.

이렇게 학생들은 어른의 눈이 미치지 않는 곳에서 매체를 통해 갖가지 은어, 폭언, 폭력을 간접적으로 학습하게 된다. 간접적인 유해 환경에 노출되는 것의 피해와 심각성에 대해서는 이미 많은 사람들이 경험을 통해 알고 있다. 더구나 이러한 유해 환경에 조기 노출된 학생들이 폭력적이고 반항적인 성향으로 진행되는 양상은 그리 놀라운 일이 아니다. 한 연구 결과에 따르면, 단지 무기가 있다는 사실과 언급만으로도 공격적인 생각이 유발된다고 한다(Bruce et al., 2005). 이러한 연구 결과는 폭력에 대한 간접적인 노출이 실제로 공격성을 유발한다는 것을 입증해 준다.

또한 지속적으로 폭력적인 프로그램에 노출된 학생은 폭력과 파괴 행위를 문제해결을 위한 정당한 수단으로 학습하게 될 수 있다. 이러한 학습은 무의식중에 이루어지기 때문에 내면화되기 쉽고, 심각한 공격성과 반항성을 동반하게 된다. 정신장애진단통계편람DSM-5(APA, 2013)에 따르면 외상후 스트레스 장애post traumatic stress disorder, PTSD란 생명에 위협을 느낄 정도의 정신적 충격을 주는 외상적 사건이나 상황을 경험한 후, 일련의 심각한 이상 증상이 특징적으로 나타나는 불안장애의 일종이다. 연구에 따르면, 비록 간접적으로 폭력이나 파괴적인 장면을 목격하였다 할지라도 학생들은 외상후 스트레스 장애로 파괴적인 행동을 하고 그것이 악화되는 경우도 있다(Frey & Key, 2012). 인터넷 게임이나 TV에서 본 것을 모티브로 해서 모방 범죄를 저지르는 것을 보면 폭력에 대한 간접 노출이 학생들의 파괴적 공격성에 심각한 영향을 미친다는 것을 알 수 있다. 그러면 과연 학생들의 반항행동의 생물환경적 원인은 무엇인가?

생물환경적 원인

최근 들어서는 아동과 청소년의 반항적인 성향을 선천적 원인과 환경적 원인으로 명확하게 구분하지 않는다. 그렇다면 선천적 원인과 환경적 원인을 절충하는 최근의 연구 동향은 어떠한가?

생태학적 · 상호교류 모형

최근에는 주로 반항성의 원인을 생태학적 · 상호교류 모형에서 탐색하고 있다. 발달모형에 따르면 개인의 발달 경로를 결정하는 요인에는 위험 요인과 보호 요인이 있다. 위험 요인에는 질병이나 폭력적 환경과 같이 개인의 발달을 저해하는 부정적인 요인이 포함된다. 반면, 보호 요인은 개인의 발달을 촉진하는 안정적 애착^{attachment}, 부모의 바람직한 양육 태도, 경제적 안정 등을 말한다. 이러한 위험 요인과 보호 요인이 힘의 균형을 이루는 방식에 따라 발달 경로의 정상성 여부가 결정된다. 즉, 위험 요인이 보호 요인보다 커지면 아동 또는 청소년에게서 반항적 성향이 나타나 일상생활에서 어려움을 겪게 되는 반면, 보호 요인의 힘이 더 크게 작용하면 이러한 문제행동을 막을 수 있다.

키체티와 린치(Cicchetti & Lynch, 1993)는 아동의 정신적 발달을 이해하기 위해 보호 요인과 위험 요인을 동시에 고려한 생태교류모형^{ecological-transactional model}을 제시하였다. 이 모형에서는 개인의 환경을 반경에 따라 4개의 생태 수준으로 나누었다.

표 2-1. 아동기 정신건강의 위험 · 보호 요인

	개체 수준 (개인 내 요인)	미시 체계 (가족 내 요인)	외부 체계 (공동체 요인)	거시 체계 (사회문화적 요인)
취약/ 위험 요인	○ 까다로운 기질 ○ 신체적 질병 ○ 불안정적 애착	○ 가정 내 폭력 ○ 부모의 실직 ○ 부모의 이혼	○ 공동체 폭력 ○ 주변의 범죄율 ○ 사회적 고립	○ 폭력적 문화 ○ 폭력에 대한 사회적 허용
완충/ 보호 요인	○ 무난한 기질 ○ 안정적 애착	○ 원만한 결혼 ○ 어머니의 긍정 적인 정신건강 ○ 좋은 양육기술	○ 사회적 지지 ○ 긍정적인 공동 체 자원	○ 낮은 실직률 ○ 아동의 권리에 대한 배려

출처: Cicchetti, D., & Toch, S. L. (2000). WAIMH handbook of infant mental health. In J. D. Dsofsky, & H. E. Fitzgerald (Eds.), *Child maltreatment in the early years of life*, 257-294. New York: John Wiley & Sons.

첫 번째 생태 수준은 개체 수준으로 개인의 내면에 잠재된 기질^{temperament}이나 건강과 같은 개인 내적 요인이다. 두 번째는 미시 체계

microsystem로 가정 분위기나 가족 구성원과의 관계적인 요인이다. 세 번째는 외부 체계exosystem로 사회적인 분위기나 공동체의 자원 및 긍정성과 같은 공동체 요인이다. 네 번째는 거시 체계macrosystem로 관습이나 통념, 사회적 여건과 분위기 등의 사회문화적 요인이다. 아동의 정신건강을 위협하는 위험 요인은 4개의 생태 수준 모두에서 발생할 수 있다. 단, 위험 요인을 완충해 주는 보호 요인이 어느 정도인가에 따라서 아동의 회복력은 달라진다.

생태교류모형에서 아동기 정신건강에 영향을 주는 위험 요인과 보호 요인의 예를 살펴보자. 위험 요인과 보호 요인은 어느 하나의 체계에서만 발생하거나 존재하는 것은 아니다. 이러한 요인들은 네 가지 체계 모두에서 발생 또는 존재하고 상호 인과관계를 갖기도 한다. 특히 위험 요인은 동시에 또는 연쇄적으로 발생하여 더욱 악화될 수 있다는 점에서 주의를 기울여야 한다.

예를 들어, 남편이 아내에게 상습적으로 폭력을 가함으로써 결혼생활이 원만하지 못한 경우를 생각해 보자. 상습적 폭력에 시달리는 여성에게 정상적인 자녀양육을 기대하기는 어렵다. 이처럼 생애 초기에 역기능적인 부모의 양육 방식은 부모와 자녀의 관계에 부정적인 영향을 미쳐 불안정한 애착관계 형성으로 이어질 수 있다. 자녀에 대한 폭력 행사의 가능성도 매우 높아서 이로 인해 자녀는 신체적 상해를 입을 수 있다. 이러한 가정은 가정 내 폭력을 은폐하기 위해 이웃과의 교류를 피하고 고립된 생활을 자처하거나 이중생활을 할 가능성이 높다. 이러한 일련의 상황은 개체 수준, 미시 체계, 외부 체계, 거시 체계에 위험 요인이 연결되어 발생하는 것이다. 이처럼 위험 요인들은 꼬리에 꼬리를 무는 연쇄적인 특성이 있다.

이에 비해 보호 요인들은 아동의 회복력을 증가시켜 열악한 상황을 극복해 낼 수 있는 원동력을 제공한다. 보호 요인 역시 시작이 어려울 수 있으나 연쇄적으로 형성될 가능성이 높다. 그러므로 학생의 반항적인 행동의 원인을 탐색하기 위해서는 학생의 반항적 성향에 원인을 제공하고 있는 위험 요인을 구체적으로 파악해야 한다. 이러한 관심과 원인 탐색이 문제해결의 출발점이 된다. 또한 학생의 반항성을 해결하기 위해서는 네 가지 체계에서 실현 가능한 보호 요인을 찾아 이를 활용해야 한다.

03

반항적인 아동 · 청소년,
어떻게 판별하는가

학교 현장의 교사들과 상담가들은 학생의 반항적인 행동을 개선하기 위하여 이들을 관찰하고 그 결과를 토대로 객관적인 판단을 할 필요가 있다고 생각한다. 그러나 학생의 반항성을 성장과정에서 나타나는 개인차에 의한 현상으로 이해해야 할지, 치료 및 조력을 필요로 하는 문제행동으로 보아야 할지에 대한 기준에 대해서는 의견이 분분할 수 있다. 더욱이 학생의 문제행동을 진단하는 것을 낙인하는 것으로 여겨 비교육적이고 부작용의 원인이 될 수 있다는 의견도 있다. 다음은 학생들의 반항적인 행동에 대하여 교사들이 나누는 대화의 일부다.

글상자 3-1   반항적인 아동·청소년의 행동에 대한 교사들의 대

교사 A: 상담이 필요한 학생들 명단을 제출하라는 공문 보셨죠? 저는 순전히 선생님들한테 반항하기 위해 학교에 오는 것 같은 명수와 희주, 그리고 다른 두 명까지 해서 네 명을 담당선생님께 적어 냈어요.

교사 B: 어휴, 선생님 반에 그렇게 많이 있어서 어떻게 살아요? 저희 반엔 다행히 한 명도 없어요. 반편성할 때 학생의 정신건강을 고려하는 일이 점점 더 중요해지는 거 같아요. 사실 담임의 입장에선 성적보다 더 중요하지 않아요?

교사 A: 저는 잘 모르겠어요. 때로 너무 힘들게 해서 심각한 문제라는 생각이 들다가도 어떻게 보면 누구나 커 가면서 한 번쯤 반항해 보기도 한다는 생각이 들면 이해할 수 있을 것 같기도 하고……. 정말이지 확신이 잘 안 세네요. 그러다가 괜히 학부모와 학생에게 오해받을까 봐 일단 제출은 안 했는데, 어떻게 하는 것이 좋을지 잘 모르겠어요.

학생의 반항적인 행동이 반복될수록 교사들은 계속되는 좌절감으로 에너지가 소진되기 쉽다. 교사들은 교육적 이해와 지도를 통해 문제가 해결될 수 있는 학생과 전문가의 개입이 필요한 심각한 수준의 학생을 구분하는 것이 쉽지 않다. 학생들의 반항적인 행동으로 어려움을 겪는

교사는 실제로 그 교사가 담임을 맡고 있는 학급에 반항적인 아동·청소년이 많이 배정되었기 때문에 어려움을 겪는 것일까? 혹은 교사가 권위적이고 기대 수준이 높아서 학생들을 반항적이라고 판단하는 것일까? 아니면 교사의 학급경영 역량이나 리더십이 부족해서일까? 반복적으로 반항적인 행동을 보이는 학생들을 지도해야 하는 교사에게는 무엇보다 학생의 반항적인 행동을 객관적으로 판단할 수 있는 기준이 필요하다.

학생지도에 있어서 교사가 범할 수 있는 실수는 다음 두 가지 형태로 볼 수 있다. 하나는 학생의 반항적인 행동이 일시적이어서 교사가 인내심을 가지고 지도하면 곧 회복될 수 있는데 굳이 학생을 정신건강 전문의에게 의뢰하여 항정신성 약물을 복용하게 하는 경우다. 다른 하나는 학생의 반항적인 행동이 이미 심각한 상태에 이르렀음에도 민감하게 관찰하고 신속하게 전문가에게 의뢰하지 않아 도움을 받을 수 있는 적기를 놓치는 경우다. 학생들 중에는 교사의 교육적인 관심과 지도만으로는 해결되기 어려운 심각한 수준의 문제를 가지고 있는 학생이 있다. 이러한 경우, 정신건강 전문가에게 의뢰하는 것에 대한 판단 부족은 교사의 어려움을 더욱 가중시킬 수 있다. 뿐만 아니라 학생의 입장에서도 적시에 전문가의 도움을 받아 문제해결을 하고 개인적인 성장과 발달을 이루어 갈 수 있는 기회를 놓치게 되는 것이다. 일반적으로 18~36개월 걸음마기 유아의 반항이나 10대 청소년의 반항적인 행동에 대해서는 발달과정에서 나타나는 일시적이며 자연스러운 현상으로 본다. 그러나 반항적인 행동이 또래에 비해 두드러지게 심하거나 빈도가 잦다면 진단 대상으로 고려하여 진단도구를 사용하는 것이 바람직하다.

진단은 문제해결의 첫걸음이다. 일반적으로 반항적인 성향은 만 8세 이전에 두드러진다. 또한 처음 발현되는 시점은 늦어도 초기 청소년기를 넘기지 않는다. 그리고 반항적인 행동이 6개월 이상 지속되면서 시간이 흐를수록 점차 정도가 심해지면 치료가 필요하다고 본다. 따라서 기록을 통해 발현 기간과 증상의 변화를 비교해 보아야 한다. 이 장에서는 반항적인 아동·청소년의 특성과 판별의 기준에 대하여 살펴보자.

반항적인 아동·청소년의 특성

반항적인 아동·청소년의 행동 패턴은 보통 2~3세 유아의 행동이나 사춘기 학생이 흔히 보이는 행동과 유사하다. 반항적인 행동은 성장과정에서 일시적으로 나타나는 현상처럼 보이므로 진단이 쉽지 않다. 그러므로 반항적 인 행동의 정도, 빈도, 발현 시점은 정확한 진단을 위한 중요한 자료가 된다.

반항적인 아동·청소년의 사고 패턴

반항적인 행동은 어떤 사고에서 촉발되는가? 반항적인 아동·청소년의 행동 특성을 알아보기에 앞서, 학생이 반항적인 행동을 택하게 되는 사고 패턴에 대하여 살펴보자.

도구적 공격성 vs. 적대적 공격성

학생의 반항적이고 공격적인 행동은 목적 또는 수단의 여부에 따라 도구적 공격성과 적대적 공격성으로 나눌 수 있다(Fraser, 1996). 도구적 공격성instrumental aggression은 학생이 다른 방법으로 얻을 수 없는 목적을 성취하기 위해 반항적인 행동을 나타내는 것으로, 대개 생후 몇 년 동안 보이는 유아들의 행동과 비슷하다. 예를 들어, 원하는 물건을 얻기 위해 바닥에 드러누워 떼쓰거나 놀이 혹은 활동 등에서 자신만의 공간을 확보하기 위해 상대를 밀고 때리는 행동이다. 이러한 공격성은 언어 발달이나 사회적 기술의 발달로 인해 보통 학령기 이전에 점차 소멸된다. 그러므로 학령기를 넘어선 학생이 교실에서 자신의 입지를 확보하기 위해 폭력적인 행동을 하거나 교사의 권위에 도전하면서 폭언을 하거나, 수업시간에 관심을 끌기 위해 말꼬리를 잡는 행동 등을 보인다면 이는 전형적인 도구적 공격성에 해당한다.

반면, 적대적 공격성hostile aggression은 목적을 위한 수단으로 공격적인 행동을 하는 것이 아니라 순전히 가해 자체를 위해 공격을 하는 것이다. 적대적 공격성 역시 일반적으로 학령기 전에 서서히 줄어들지만, 여전히 적대적 공격성을 강하게 나타내는 아동 또는 청소년이 있다. 이들은 학교에서 뚜렷한 이유 없이 또는 그럴듯한 이유를 대면서 상대방을 괴롭힐 의도를 가지고 상대에게 신체적인 공격을 가한다. 따라서 반항적이고 공격적인 행동을 일삼는 학생을 관찰하는 경우, 공격적인 행동이 다른 목적을 위한 수단으로 사용되는 것인지, 공격적인 행동 자체가 목적인지를 구별하는 것은 학생의 행동을 이해하는 데 도움이 된다.

반응적 공격성 vs. 선도적 공격성

반응적 공격성reactive aggression이 상대방의 행동에 대한 대응으로 공격적인 행동을 하는 것이라면, 선도적 공격성proactive aggression은 공격이 문제를 해결하기 위한 좋은 방법이라는 생각으로 행동하는 것이다(Vitaro, Gendreau, Tremblay, & Oligny, 1998). 반응적 공격성을 나타내는 학생은 타인의 행동이 실제로는 중립적이거나 모호한 것임에도 이를 적대적으로 해석하는 경향이 있다. 이러한 해석은 중추신경계의 활성화, 심장박동의 항진, 그리고 부정적 정서와 분노가 고조되면서 반항적인 행동으로 이어진다. 이러한 학생들은 상대방의 행동에 위협을 느꼈다고 호소하지만, 실제로는 오해를 하고 있는 경우가 많다. 이 경우, 학생들은 상황을 모면하기 위해 변명이나 거짓말을 하는 것이 아니라 상대방의 행동을 실제로 적대적으로 받아들이는 것이다.

반응적 공격성을 보이는 학생은 흔히 "저 녀석이 내가 불렀는데도 못 들은 척하고 나를 무시했어요. 그러니까 내 앞에 무릎 꿇고 사과해야 돼요!"라고 주장하며 상대방을 공격한다. 그러나 상대방은 주변이 시끄러워서 듣지 못했다는 등의 납득할 만한 이유가 있다. 그럼에도 반응적 공격성을 보이는 학생은 상대방이 자신을 무시했다고 주장하면서 상대방의 말과 교사의 설득에 귀 기울이지 않고 지나칠 정도로 집요하게 사과를 요구한다.

이에 비해 선도적 공격성은 의도적이고 계획적으로 공격적인 행동을 활용하는 것이다. 학생은 문제해결을 위하여 공격을 가장 효과적인 해결책으로 여기고 행동하는 것이다. 학년이 바뀌고 새로운 환경을 만나게 되면 학생들은 흔히 자신에게 잘 어울리는 친구를 찾기 위해 또래들을 관찰하고 탐색한다. 그러나 반항적인 아동 · 청소년은 친구들과 잘 어울리지 못했던 과거의 기억 때문에 원만한 교우관계에 대하여 기대하지 않는다. 대신, 학생들 사이에서 따돌림의 대상이 되지 않는 것을 목표로 삼는다. 이러한 이유로 학생들은 우선 자신의 세력 형성에 주력한다. 그런 다음 어느 정도 세력이 모아지면 한 학생을 희생양^{scapegoat}으로 정하여 따돌리고 공격한다. 이러한 방법으로 반항적인 아동 · 청소년은 일차적으로 자신이 따돌림의 대상에서 벗어나게 한다. 그러나 시간이 지남에 따라 결국 자신이 궁지에 몰리게 된다. 그럼에도 새 학년이 되면 반항적인 아동 · 청소년은 또다시 동일한 방법을 반복한다.

반응적 공격성은 주로 오해에서 시작한다. 그러므로 일단 교사가 학생과 신뢰관계를 형성하고 지속적으로 설득하며, 이해와 관심을 보이면서 지속적으로 설득하면 점차 정도가 약해질 수 있다. 그러나 선도적 공격성은 문제해결의 방법으로 공격보다 좋은 것은 없다고 생각하므로 교사의 말에 반박하면서 좀처럼 수용하려 들지 않는다. 즉, 선도적 공격성을 지닌 학생은 공격이 최선의 방법이라는 신념 때문에 치료가 어렵고 더욱 악화될 가능성이 높다(Eric & Lynley, 2009).

반항적인 아동 · 청소년의 행동 특성

반항적인 아동 · 청소년은 어떤 행동 특성이 있는가? 학교에서 학생들이 보여 주는 반항적인 행동은 매우 다양한 형태로 나타난다. 그러나 이들 행동의 특성은 크게 두 가지, 즉 불복종과 대항행동으로 구별할 수 있다.

불복종

반항적인 아동 · 청소년들은 자신의 행동 제한 또는 다른 사람의 요구

반항적인 아동 · 청소년의 대항행동

에 대하여 일단 거부한다. 또한 교사, 부모, 또래들의 입장 또는 이들의 기대에 대하여 관심이 없고 이를 배려하지 않는다. 대신, 자신이 원하는 것만을 요구하며 집착한다. 게다가 아주 사소한 것이라도 강요받거나 제재를 받으면 강하게 반발하여 거친 행동을 보이면서 짜증을 낸다. 예를 들어, 교사가 "교실 뒷문을 닫아 주세요."라고 하면 학생들 대부분은 문을 닫지만, 반항적인 아동·청소년은 일단 거부한다. 교사가 재차 요구하면 "나보다 가까이 있는 사람이 있는데 왜 내가 닫아야 되죠?"라는 식으로 따지고 든다. 그럼에도 교사가 지속적으로 요구하면 분함을 참지 못하고 욕설을 하거나 책상을 발로 차서 넘기는 등의 과격한 행동을 나타낸다.

여학생들 중에 교복 치마의 길이를 줄이거나 폭을 좁혀서 짧고 달라붙게 만들어 입는 학생들이 있다면 남학생들 중에는 교복 바지의 라인을 좁게 줄여 입는 학생들이 있다. 교사나 부모가 이에 대하여 시정을 요구하면 일반적인 학생들은 욕구가 좌절되어 불만스러워도 교칙을 인정하므로 일단 받아들인다. 설령 인정하지 않는다고 해도 일단 따르는 선택을 한다. 반면, 반항적인 아동·청소년은 상황에 관계없이 노골적으로 반발하며 불복종하는 태도를 보인다.

대항행동

반항적인 아동·청소년의 대항행동은 불복종과 유사한 것 같지만 보다 적극적인 형태의 반항행동이다. 이는 마치 상대방의 인내심 한계를 시험하는 것 같이 의도적이고 끈질기다는 특성이 있다. 또래들에게는 학습이나 놀이를 방해하고 상대가 싫다는 것을 계속해서 강요하는 형태로 나타난다. 또한 권위가 있는 상대에게는 끊임없이 궤변을 늘어놓으면서 논쟁을 일삼아 상대가 참을 수 없을 만큼 화가 나도록 부추긴다. 반항적인 아동·청소년은 어른 또는 또래의 외모, 말, 행동 등에 대하여 비웃거나 사소한 일로 논쟁하면서 쾌감을 느낀다. 그리고 화를 내는 상대방에 대하여 아랑곳하지 않고 오히려 즐기는 듯한 모습을 보임으로써 상대방의 감정을 더욱 자극한다.

대항행동은 다양하고 반복적이다. 예를 들어, 그림 그리기 또는 만들기를 하는 경우, 뜻대로 되지 않으면 소리를 지르거나 미술 도구와 재료를 마구 던진다. 만일 주변의 또래가 자신의 활동에 영향을 준다면, 욕설 또는 공격적인 행동으로 적극적으로 대응한다. 혹은 시험 결과가 자신의 기대와 다르면 교사의 면전에서 시험 문제에 대하여 비난하거나 장시간 논쟁을 벌이거나, 욕설을 하기도 한다. 이렇게 반항적인 아동 · 청소년은 다투거나 예상치 못한 상황에 처할 때면 자신의 행동에 대해서는 일체 반성하지 않으면서 모든 잘못의 원인을 상대방에게 돌리며 탓한다.

진단 기준

일반교사가 학생에 대하여 반항장애로 진단하는 것은 쉽지 않다. 교육적 관점에서 학생의 반항적인 행동을 성장과정 중의 일시적인 현상으로 여기거나 본인의 생각이 주관적인 판단에 불과할 수도 있다고 생각하기 때문이다. 여기서는 반항적인 아동 · 청소년에 대한 진단 기준, 진단 도구, 진단 시 고려사항에 대하여 중점적으로 알아보자.

반항적인 아동 · 청소년의 진단 기준

반항적인 아동 · 청소년에 대한 진단 기준이 필요할까? 학생들은 여러 가지 이유로 반항적인 행동을 보인다. 하지만 그러한 행동을 보인다고 해서 이들을 모두 반항적인 아동 · 청소년으로 판별할 수는 없다. 따라서 반항적인 행동이 심각한 수준의 학생들을 식별하고 조기에 도움을 제공함으로써 보다 심각한 문제로 이어지는 것을 예방하며 성장과 발달을 촉진하기 위해서는 명확한 진단 기준이 필요하다.

행동 특성

학생들이 교사의 지시와 권위, 학급 대표의 말과 행동, 학교 체제의 정당성, 학급 규칙의 합리성과 공평성 등에 대하여 불만을 토로하는 경우가 있다. 이는 학생들의 성장과정에서, 또는 스트레스 상황에서 나타날 수 있는 자연스러운 현상이다. 예를 들어, 학생들은 부모와의 갈등, 시험 또는 과도한 학업에 의한 스트레스, 수면 부족 등으로 다른 사람의 말에 민감하게 반응하여 따지고 들거나 빈정거리는 행동을 보일 수 있다.

그러므로 특정 스트레스 상황에서 학생들이 일시적으로 나타내는 반항행동은 진단 대상에서 제외한다. 다만, 학생의 행동이 글상자 3-2 에 제시된 거부, 적대, 시비의 행동 양상 중에서 적어도 네 가지 이상에 해당하고 이러한 행동의 빈도가 최소 6개월 이상 지속될 때 반항장애가 있

글상자 3-2) 반항적인 아동 · 청소년에게서 자주 나타나는 행동 특성

1. 심하게 화를 낸다.
2. 어른들과 논쟁한다.
3. 적극적으로 어른의 요구나 규칙을 무시하거나 거절한다.
4. 고의적으로 타인을 괴롭힌다.
5. 자신의 실수나 잘못된 행동을 남의 탓으로 돌린다.
6. 타인에 의해 기분이 상하거나 쉽게 신경질을 낸다.
7. 화를 내고 원망한다.
8. 악의에 차 있거나 앙심을 품는다.

는 학생으로 진단할 수 있다(강진령 역, 2008). 그러나 학급 구성원, 담임교사, 교과교사 등 학생을 둘러싼 환경이 1년을 기준으로 바뀌는 학교 현장에서 6개월 이상 관찰만 하는 것은 현실적으로 효율적이지 않으므로 직전 학년 담임교사나 상담교사의 기록을 참고해야 한다.

학생을 진단하고자 할 때 교사가 가장 먼저 해야 할 일은 이 기준을 토대로 해당 학생의 행동을 주의 깊게 관찰하는 것이다. 이때 학생의 반항적인 행동이 상대적으로 빈번하게 발생하면, 진단 기준을 적용해 본다. 이때 주의할 점은 해당 학생의 발달 수준을 고려하는 것이다. 요즘은 학생들의 성장 속도가 빨라져서 초등학교 4학년만 되어도 사춘기 청소년의 특징을 두드러지게 나타내는 아동들이 있다. 청소년기는 자신과 삶에 대한 혼란을 극복하고 자아정체성ego-identity을 찾아가는 시기로 자아중심성egocentrism이 발달한다(강진령, 연문희, 2009). 이 시기의 자아중심성은 상상적 청중과 자기신화의 두 가지를 들 수 있는데, 상상적 청중imaginary audience은 주변 사람들이 끊임없이 자신을 감시 · 관찰한다고 여기면서 모두가 자신을 칭찬 또는 비난하는 상상을 하는 경향성이다. 상상적 청중은 청소년들이 다른 사람을 오해하고 반항적으로 행동하게 하여 문제를 일으키는 원인이 되기도 한다.

반면, 자기신화personal fable는 자기 자신은 특별하기 때문에 다른 사람에게 일어나는 일들이 자신에게는 일어나지 않을 것이라고 믿는 경향성이다. 청소년들은 자기신화로 인해 담배, 약물 흡입, 성관계 등 위험이 예상되는 행동을 하면서도 자신은 특별하기 때문에 폐암, 중독, 임신과 같은 위험에 처하지 않을 것이라고 장담한다. 따라서 반항성이 두드러질 수 있는 청소년기의 시기적 특성을 감안하고, 다른 학생들에 비해 그 정도나 빈도가 심각할 경우, 진단 기준을 적용해 보는 것이 바람직하다.

감별진단

감별진단differential diagnosis이란 진단적 특징은 유사하지만 특정 진단명에 속하지 않는 경우를 구별하는 과정을 말한다. 반항장애의 진단적 특징은 품행장애 또는 주의력결핍 과잉행동장애의 특징과 유사하다. 그러므로 반항장애의 진단 시 이러한 유사 장애들과의 감별진단에 주의를 기울여야 한다.

먼저, 품행장애와 반항장애의 진단적 특징을 비교하면 다음과 같다. 품행장애는 사회규범을 위반하고 타인에게 공격적인 행동을 보인다는 점에서 반항장애와 유사하다. 그러나 품행장애는 반항장애와는 달리 싸움, 깡패 짓, 사람이나 동물 괴롭힘, 재산 파괴 또는 방화, 도둑질, 거짓말 반복 등과 같은 행동이 특징적으로 나타난다. 이에 비해 반항장애는 거부적이고 적대적인 말이나 행동을 자주 그리고 심하게 하지만, 기물 파손, 절도, 사람이나 동물에 대한 가혹행위 등은 심하지 않다. 정확한 진단을 위해서 이러한 부분을 주의 깊게 관찰하여 감별해야 한다.

다음으로 ADHD와 반항장애를 비교해 보자. ADHD와 반항장애는 교사의 수업 진행을 어렵게 하고, 부모나 다른 어른이 이 장애가 있는 학생을 지도하기 어렵다는 공통점이 있다. 그러나 ADHD의 증상에는 집중력 부족, 지속적인 손발 움직임, 안절부절못함, 말을 많이 함, 교사나 친구들과의 대화 곤란 등이 포함된다. 그리고 이러한 행동의 원인은 어른에 대한 도전과 반항이라기보다 스스로 통제가 어려운 부주의와 자제력 부족에 있다. 바로 이러한 특징들이 반항장애와 구별되는 점들이다.

또 한 가지 주의할 점은 학생의 행동 특성이 이미 진단 받은 다른 장애의 부수적 특징에 속하는 것일 수 있음을 구별하는 것이다. 예를 들어, 기분장애mood disorders나 정신증 장애psychotic disorders의 경우도 반항적인 행동을 부수적으로 포함하기 때문이다. 따라서 과거에 이미 심각한 학업적 · 사회적 문제로 기분장애나 정신증 진단을 받은 적이 있는 학생의 경우에는 별도로 반항장애로 진단하지 않는다. 한편, 정신지체mental retardation는 만 18세 이전에 발병되어 평균 이하의 지적 기능으로 인해 적응에 한계가 있는 발달장애다. 정신지체 학생의 반항적인 행동은 학생의 연령, 성별, 정신지체의 심각도가 동등한 수준에 있는 다른 학생들과 비교해서 더 심각한 경우에만 반항장애의 증상으로 진단되어야 한다.

진단 도구

반항적인 아동 · 청소년을 진단하기 위해서는 어떤 도구가 필요한가? 무엇보다 정확한 진단을 위해서는 교사와 학부모의 협력이 우선이다. 왜냐하면 교사와 학부모는 각각 학교와 가정에서 학생의 생활을 관찰 기록하여 진단에 필요한 자료를 제공할 수 있기 때문이다. 이러한 자료는 학생의 행동 특성과 패턴에 대하여 비교적 객관적으로 이해할 수 있는 근거가 된다.

반항문제 선별도구

다음에 제시되는 선별검사 도구는 교사 또는 학부모가 학생의 반항성에 해당하는 항목을 표시하여 이를 토대로 잠정적 진단을 내리는 데 유용하게 사용될 수 있다.

표 3-1. 학생의 반항문제 선별도구(학부모/교사용)

이 척도는 부모님이나 어른들에 대한 학생의 반항성 정도를 알아보기 위한 것입니다. 다음의 각 문항을 읽으시고, 여러분의 자녀가 해당되는 칸에 O표해 주십시오.

문항	전혀 없음	약간 있음	상당히 있음	매우 심함
1. 사소한 일에도 버럭 화를 낸다.				

2. 부모에게 대들고 논쟁한다.				
3. 부모의 요구나 지시를 무시하거나 거부한다.				
4. 고의적으로 타인을 귀찮게 한다.				
5. 자신의 실수나 잘못된 행동을 남의 탓으로 돌린다.				
6. 쉽게 기분이 상하거나 신경질을 낸다.				
7. 쉽게 화내고 다른 사람을 원망한다.				
8. 적개심에 차 있거나 앙심을 품고 있다.				
합계				
평가자 기록란: '상당히 있음', '매우 심함'에 해당하는 문항수				

해석 지침	'상당히 있음', '매우 심함'에 표시된 총합을 기준으로 한 평가 기준 • 1개 이하: 보통 수준 • 2~3개: 다소 반항적인 수준 • 4개 이상: 반항장애의 가능성(정확한 진단 필요)

출처: 서울시 소아청소년 광역정신보건센터(2007). 아동 청소년 정신건강 선별조사를 위한 가이드북. 서울: 서울시 소아청소년 광역정신보건센터.

반항적인 아동 · 청소년 행동관찰 체크리스트

교사는 학부모가 작성한 반항문제 선별도구를 통해 학생이 가정생활에서 보이는 행동 특성을 파악할 수 있다. 학생의 반항적인 행동관찰을 위해 DSM-5에 근거하여 제작된 〈표 3-2〉의 반항적인 아동 · 청소년 행동관찰 체크리스트를 활용해 보자. 학교 현장에서 특정 학생을 6개월간에 걸쳐 관찰한다는 것은 쉽지 않다. 그러므로 이전 담임교사에게 진단도구 작성을 요청할 수 있다.

표 3-2. 반항적인 아동·청소년 행동관찰 체크리스트(학부모/교사용)

다음 문항들은 학생의 정서, 행동을 나타내는 문항입니다. 지난 6개월간 관찰하신 학생의 행동에 대해 O/×로 표해 주세요.

1. 물건을 집어던지곤 한다.	
2. 욕이나 거친 말을 잘한다.	
3. 늘 불평불만을 털어놓는다.	
4. 자기 요구대로 되지 않거나 마음에 들지 않으면 괴성을 지르며 분노발작을 일으키곤 한다.	
5. 작은 일에도 쉽게 짜증을 낸다.	
6. 차분하게 말하지 않고 소리를 지르곤 한다.	
7. 자주 말대꾸를 한다.	
8. 징징대거나 우는 소리를 낸다.	
9. 자주 부모의 지갑에서 돈을 훔친다.	
10. 거짓말을 잘한다.	
11. 사소한 일에도 흥분하며 따지고 든다.	
12. 다른 사람이 있어도 상대방에게 모욕을 주곤 한다.	
13. 일부러 친구를 괴롭히거나 성가시게 한다.	
14. 친구나 동생을 이유 없이 놀린다.	
15. 지시나 제재를 받으면 도망간다.	
16. 작은 꾸지람에도 마구 울어 버리거나 화를 낸다.	
17. 자신이 맡은 일을 마무리하지 않는다.	
18. 저항하는 마음을 신체적으로 표현한다.	
19. 다른 사람의 물건이나 기물을 파손한다.	
20. 다른 사람에게 신체적으로 싸움을 건다.	
21. 주어진 과제를 끝마치는 일이 드물다.	
22. 고의로 계속 말을 걸거나 신체를 건드려서 타인의 일을 방해한다.	
23. 아무것도 하지 않으려고 한다.	
24. 자신의 실수나 잘못을 남의 탓으로 돌린다.	
25. 작은 일에도 앙심을 품고 앙갚음을 하려고 한다.	
합계	

진단 시 고려사항

학생을 진단하는 일에는 신중함이 요구된다. 즉, 교육적 효과와 학생의 발달을 염두에 두고 반항행동의 다양성, 학생이 속한 사회의 다양한 문화적 기준들 등을 고려하여 선별하는 것이 바람직하다. 앞서 소개된 도구의 올바른 사용을 위하여 다음의 내용들을 유의해야 한다.

글상자 3-3 │ 반항적인 아동 · 청소년 진단 도구의 사용 시 유의사항

1. 진단보다는 선별 도구로 사용한다.
2. 검사 결과는 피검사자의 이해도, 동기수준, 방어적 태도 등을 감안하여 해석한다.
3. 척도에서 제시된 점수는 절대적인 기준이 아니라 대상 집단의 특성에 따라 다양한 수준으로 활용될 수 있다.

증상의 다양성

반항적이고 파괴적인 행동은 다양한 형태로 나타나지만 부모, 가족, 교사, 또래들을 비롯한 주변 사람들을 어렵게 한다는 공통점을 가지고 있다. 증상의 다양성은 교사나 학부모에게 학생의 어떤 행동이 반항의 범주에 속하는지 속하지 않는지에 대한 판별에 혼란을 가져다줄 수 있다. 반항적인 아동 · 청소년의 다양한 증상을 이해하기 위해서는 다음과 같은 반항적인 행동의 특징을 이해하여야 한다.

첫째, 반항적인 행동에는 외현적overt 반항행동과 내재적covert 반항행동이 있다. 외현적 반항행동은 내재된 반항심이 외부로 표출되는 행동이다. 그러나 내재적 반항행동은 언뜻 보아서는 반항심에 의한 것이 아닌 것처럼 보이기 때문에 판별하기 어렵다. 예를 들어, 외현적 반항행동은 어른에게 직접적으로 대들거나 말대꾸하는 행동, 불복종, 욕하는 행동,

언어적·신체적으로 타인을 공격하는 행동 등과 같이 눈으로 확실히 관찰 가능한 것들이다.

그러나 내재적 반항행동은 거짓말, 돈이나 물건을 훔치는 행동, 뚜렷한 이유 없는 결석, 허락 없이 조퇴하는 행동, 혼잣말로 하는 대꾸 등이다. 이러한 행동은 반항심을 비밀스럽게 한 번 포장하여 다른 형태로 나타내는 것인데, 주로 몰래 행동해 버리는 속임수들이다. 이렇게 반항심이 학생에 따라 각기 다른 형태로 나타나는 것은 부모의 양육 태도에 의한 것으로, 다른 형태이긴 하지만 두 가지 모두 반항적인 행동의 증상에 해당된다(Kupersmidt, Bryant, & Willoughby, 2000).

둘째, 직접적 공격행동과 간접적 공격행동이 있다. 직접적 공격행동은 상대와 맞서고 공격하기 위해 시비를 걸어 싸움을 일으키는 방식으로, 상대방에게 주먹질을 하는 등 직접적으로 공격하는 것이다. 그러나 간접적 공격행동은 말 그대로 직접적으로 드러내어 소란을 일으키지 않는다. 예를 들면, 거짓된 소문을 퍼뜨리거나, 비밀을 알아내어 공개하거나, 제3자를 통해 상대를 괴롭히는 방식이다. 간접적 공격행동은 싸움을 일으키거나 학급 내에 소란을 일으키지 않고 은밀하게 진행되기 때문에 교사가 알아차리기 어렵고, 학교생활의 흐름에도 크게 지장이 없어 사소한 일로 여기기 쉽다.

그래서 공격당하는 학생은 피해를 하소연하기가 애매하고 다시 '은밀히' 진행될 보복이 두렵기 때문에 피해 사실을 숨기게 된다. 이러한 간접적 공격행동은 남학생들보다 여학생들이 주로 사용한다. 이는 은밀히 진행되어 잘 노출되지 않기 때문에 남학생에 비해 여학생이 덜 반항적이라고 인식되는 이유가 되기도 한다(Eric & Lynley, 2009).

사회적 기준

일반적으로 반항적인 행동이란 타인에게 적대감을 가지고, 논쟁을 일삼으며, 타인의 권리를 침해하고, 규칙을 어기는 행위들을 말한다. 그러나 이러한 행위에 대해서 '심각하다'고 판단하는 기준은 학생이 속한 사회의 분위기와 누가, 언제 진단하느냐에 따라 다를 수 있다. 예를 들어, 취학 전에는 별 문제가 없었던 아동이라도 초등학교에 입학한 후, 교사로부터 반항적인 행동을 보인다는 의견을 들을 수 있다. 아동의 부모는 자녀가 학교적응에 갑작스러운 문제가 발생했다고 여길 것이다.

그러나 이러한 경우의 대부분은 가정에서 부모가 묵인하거나 의식하지 못한 상태에서 강화해 왔던 아동의 행동이 학교에서 수용되지 않기 때문이다. 예를 들어, 부모는 자녀의 이기적인 행동이 '때로 힘들지만 귀엽다'고 여길 수 있다. 하지만 교사로서는 아동의 행동에 대하여 단체생활에 적응하지 못하고 사회성이 부족하다고 생각할 수 있다. 이렇게 다른 인식은 아동이 새롭게 속하게 된 사회적 기준과 평가자의 기준이 반영된 것이다.

또한 학생이 어떤 집단에 속해 있고, 어떤 분위기의 지역사회에 거주하는지에 따라서 학생의 공격성이나 과격함이 일종의 적응 수단으로 허용될 수도 있다. 예를 들어, 두 명의 학생이 모두 심한 정도의 반항적인 태도를 보인다고 하자. 일반적인 환경에서는 '매우 심하고 걱정스러운 수준'일 수 있지만, 유흥업소가 밀집된 지역에서는 '문제가 될 만큼 심각하지 않다'고 판단할 수 있다. 그러므로 반항적인 아동·청소년 진단 시, 학생이 속한 사회적 기준을 고려하여 행동 특성과 행동의 심각도를 판정하는 것이 바람직하다.

문화적 기준

학생의 반항적인 행동에 대한 올바른 판정을 위해서는 학생이 속한 사회의 문화적 기대를 고려해야 한다. 왜냐하면 시대와 사회에 따라 허용되는 반항성이나 공격성의 수준이 다름에도 불구하고 이러한 차이를 무시하고 하나의 잣대로 학생들을 진단하는 것은 무리가 있기 때문이다. 최근 들어 쉽게 접할 수 있는 폭력적인 영화, 선정적인 동영상, 과격한 인터넷 게임 등에 지속적으로 노출되어 온 학생들이 잔인하고 파괴적인 장면에 익숙해지다 보니, 이전에는 전혀 허용되지 못했던 일들이 '있음 직한 일'로 인정되기도 한다. 또한 그동안 전통적으로 강조해 왔던 효, 예절, 언행에 대한 요구 수준에도 큰 변화가 있어 왔다. 예를 들어, 과거에는 비행청소년들이 주로 사용했던 은어나 비속어들이 오늘날에는 일반 학생들 사이에서도 회자되고 있다. 부모에게 반발하며 대든다거나 교사의 지시에 따르지 않고 적대감을 노골적으로 드러내는 일도 빈번히 발생하고 있다.

같은 사회라 하더라도 시대에 따라 성차에 대한 사회 구성원들의 기대가 다를 수 있다. 예를 들어, 과거에는 다소 거친 성향이 남자답고 매력적이라고 평가되고, 다정하고 착한 것은 여성의 미덕이라고 보는 경향이 있었다. 그래서 남학생의 다소 과격한 행동은 관대하게 여겨 웬만해서는 '반항적'으로 보지 않으면서도 여학생의 유사한 행동에 대해서는 상대적으로 훨씬 더 심각한 것으로 여길 수 있다. 이는 '여자는 ~해야 한다'는 고정관념이 작용한 것이다. 물론 일부 기성세대는 성별에 따른 전통적인 인식을 아직도 유지하고 있지만, 이러한 성차에 대한 학생들의 인식은 많이 달라졌다. 따라서 학생의 반항적인 행동에 대한 진단은 현 시대의 사회적 · 문화적 여건과 상황을 고려하여 내려져야 한다.

진단을 위한 준비

　　학생에 대한 정확한 진단을 위해서는 학생 및 학부모 면담을 실시해야 한다. 이때 면담의 목표와 방향은 미리 정해 두는 것이 좋다. 면담 준비 과정에서 준비해야 할 사항은 무엇인지 알아보자.

주의 깊은 관찰 기록

　　정확한 진단을 위한 첫 번째 과업은 학생의 행동을 주의 깊게 관찰하고 이를 구체적으로 기록하는 일이다. 학생의 반항적인 언행뿐 아니라 자신의 행동에 대한 생각이나 느낌을 쓴 기록 등을 일화episode와 함께 보관한다. 만일 교사의 관찰 기록만으로 자료가 부족하다고 생각되면, 출석부, 교우관계 조사표, 학교생활기록부도 함께 자료로 비축한다.

　　관찰내용을 기록할 때는 학생의 행동에 대한 객관적인 사실만을 기록해야 한다. 즉, 발생한 사건의 원인, 진행과정, 결말에 대해 정리하고 관련 학생들의 증언이나 이 사건에 대한 학생 본인의 의견을 함께 모아 둔다. 이때 교사의 주관적인 판단이나 해석은 배제한다. 관찰내용의 기록은 다소 번거롭지만, 객관적인 자료로 활용될 수 있다는 점에서 상당히 중요하다. 객관적인 자료는 학부모나 학생에게 불필요한 오해 없이 학생의 행동변화 필요성을 함께 인식할 수 있는 계기를 마련해 줄 수 있다.

면담 준비

　　면담을 위한 준비는 어떻게 해야 할까? 학부모에게 면담을 요청하는 것은 교사에게 부담스러운 일이다. 면담과정에서 학부모와 오해가 생겨서 안 하는 것보다 오히려 못하는 일이 되는 경우가 생길 수 있기 때문이다. 면담의 효과는 교사의 준비도와 밀접한 관계가 있다. 따라서 교사는 가장 먼저 부모와 학생의 입장을 이해해야 한다. "자녀의 일로 어머님을 잠시 뵈었으면 해서요."라는 교사의 면담 요청으로 학교를 방문하게 되는 학부모의 심정과 "방과 후에 선생님과 얘기 좀 할까?"라는 말을 듣고 교실에 혼자 남은 학생의 마음을 생각해 볼 필요가 있다. 면담 요청은 교사의 의도와는 달리 학부모나 학생에게 불안감을 주고 저항감이 생기게 할 수 있다.

　면담의 성패는 교사에게 달려 있다. 성공적인 면담을 위해서는 면담자료를 철저히 준비해야 한다. 그리고 진단결과에 따른 면담의 진행방향을 두세 가지로 생각해 두어야 한다. 면담 준비 과정에서는 관찰 자료를 토대로 학생의 행동 특성이 반항적인 아동 · 청소년의 행동 특성과 빈도에 어느 정도 부합되는지 확인한다. 물론 실제 면담을 통해 임의적으로 내린 진단은 변경될 수 있다. 그러나 일단 진단 도구를 활용한 진단은 면담 방향의 설정에 도움을 준다.

　만약 진단 도구에 의해 반항적인 아동 · 청소년으로 판별되었다면, 이 책의 '조력방안'(제4장)과 '치료'(제6장)에서 도움이 되는 내용을 참고하여 면담에 임한다. 그러나 진단결과가 반항장애의 기준에 부합되지 않는다면, 품행장애 또는 ADHD와의 감별진단 기준을 확인한다. 만약 학생이 어느 범주에도 해당되지 않는다면 심리적 어려움으로 인한 일시적인 반항일 수 있다. 이 경우는 무엇보다 학생의 심리상태에 관심을 가지고, 환경적 · 심리적 변화와 가정생활에 대한 학부모 또는 학생의 말을 공감적으로 경청해 준다.

문제 이해를 위한 면담

　면담 준비가 성공적으로 이루어졌다면, 학생 또는 학부모와의 면담이 학생에 대한 객관적 진단에 도움이 될 것이고, 이는 문제행동의 개선으로 이어질 수 있을 것이다. 그러면 진단을 위한 면담은 어떤 과정으로 진행되는가? 진단을 위한 면담에서 교사가 담당해야 할 중요한 과업은 피면담자 초대, 즉 학생 또는 학부모에게 면담에 적극 참여하도록 동기를 부여하는 일이다. 그렇다면 이들을 면담에 적극적으로 참여하도록 유도하려면 어떻게 해야 하는가?

학생 면담

　반항적인 행동을 나타내는 학생을 교사와의 면담에 적극적으로 참여하도록 유도하기 위해서는 특정 사건이 일어난 후보다는 평상시에 학생에게 자연스럽게 면담을 요청하는 것이 좋다. 어떤 사건으로 학생을 호출하는 경우, 학생은 방어적이고 폐쇄적인 태도를 취하기 쉽기 때문이다. 일단 면담약속이 이루어지면, 교사는 학생이 의도적으로 약속을 회피하지 않도록 학생에게 약속시간을 상기시킨다. 그러다가 하루 전날 학생에게 약속이 있음을 재차 확인시킨다. 이러한 일련의 과정은 교사가 학생에 대한 관심과 존중을 전달할 수 있는 좋은 기회다. 또한 학생에게는 약속을 이행하는 방법에 대해 모델링할 수 있는 기회가 되기도 한다.

　학생 면담은 여건이 허락한다면 교실보다는 아늑한 분위기의 상담실을 이용한다. 만일 학교상담실이 여의치 않다면, 교사는 학생 의자로 옮겨 앉아 학생과 눈높이를 맞추고, 미리 준비한 음료나 다과를 함께 나누는 것도 좋다. 이러한 작은 배려는 학생과의 친밀감 및 신뢰감 형성에 도움이 된다. 또한 학생이 편안하게 대화에 참여하도록 돕기 위해서는 자연스럽게 날씨, 인기 연예인, 영화, 빅뉴스 등에 관한 이야기로 시작한다. 또는 교사의 최근 경험이나 일상생활의 변화, 학생의 방과 후 생활에 관한 이야기로 대화를 시작해도 좋다. 만일 면담 중에 대화가 끊어지더라도 교사는 어색해하기보다 침묵의 의미를 생각한다. 이때 학생이 침묵을 통해 자신 또는 자신의 행동에 대해 생각하고 있다면 잠시 기다려야겠지만, 단순히 어색하거나 긴장감으로 인한 침묵의 경우에는 즉각 개입하여 대화를 촉진한다.

칼 로저스Carl Rogers는 상담자의 세 가지 태도적 자질attitudinal qualification로 일치성, 무조건적 수용, 공감적 이해를 들었다. 이 중에서 일치성은 가식 없이 속마음과 행동이 일치하는 것을 말한다(강진령, 연문희, 2009). 따라서 교사가 학생과의 관계에서 믿지 않으면서도 믿는 척 하는 것은 오히려 학생과의 라포 형성을 저해할 수 있다. 따라서 솔직하게 표현하고 그래도 학생의 말이 믿어지지 않으면 일단 판단을 보류한다. 학생의 마음이 준비되지 않은 상태에서 교사가 사실 확인에 집중하면, 학생은 추궁당하는 듯한 기분이 들어 신뢰관계 형성을 저해할 수 있다. 만약 사실 확인이 필요한 경우라면, 이후에 다른 기회를 통해 다시 한 번 확인한다.

반항적인 행동의 원인은 가정환경적 요인에 기인하는 경우가 많다. 그러므로 가족에 대한 이야기는 특별히 관심을 기울여 경청하며 중요한 내용은 기록으로 남긴다. 면담을 진행하는 동안 교사는 면담의 목적, 즉 진단을 위한 면담임을 기억하고 학생의 음성 언어의 내용뿐만 아니라 비음성 언어까지 주의 깊게 관찰한다. 그리고 면담과정에서 학생이 보이는 부정적 · 적대적 · 공격적 태도에 대해서는 침착하고 온정적인 표정과 어조로 공감해 준다.

학부모 면담

학부모 면담은 학생이 가정에서 나타내는 행동 특성과 그 원인을 파악할 수 있는 기회가 된다. 그러나 학부모 면담이 대부분 호출을 통해 이루

반항적인 아동 · 청소년면담

어지므로 호출에 따른 학부모의 불안을 최소화하기 위해서라도 최대한
예의를 갖추어 협조를 요청한다. 특히 자녀 문제로 비교적 자주 학교에
호출되어 온 경험이 있는 학부모들은 교사의 면담 요청에 불쾌한 반응을
보일 수 있다. 그러므로 교사는 학부모의 입장에서 공감과 이해를 토대
로 면담을 요청한다. 특히 가정형편이 어렵거나 생업으로 인해 학교 방
문이 쉽지 않은 학부모의 경우에는 재차 방문이 어렵다는 점을 감안해서
사전에 철저하게 준비하여 한 회기만으로도 소기의 성과를 얻도록 면담
을 진행한다.

학부모 면담 기법

학부모 면담의 출발점은 경청이다. 이외에도 공감적 이해, 자기개방,
진단 도구 사용, 피드백을 적극 활용한다.

◼ **공감적 이해** 먼저, 공감적 이해란 상대방의 주관적 세계에 들어가

그의 감정을 공유하고 그의 입장을 이해한 것을 교사 자신의 말로 되돌려 주는 것을 말한다. 즉, 교사는 학부모가 말하는 특정 사건 또는 상황에 대해 느낄 수 있는 감정을 적절한 음성 언어와 비음성 언어로 되돌려 준다. 예를 들어, 학부모가 "우리 아이는 저랑 아예 대화를 안 하려고 해요. 말을 붙이려고 하면 문을 쾅 닫고 들어가 버리거든요."라고 말하는 경우, 교사는 아이에 관한 정보를 제공하거나 충고하기보다 학부모의 입장에서 다음과 같이 공감해 줄 수 있다. "이전처럼 경수와 이야기를 나누고 싶으신가 본데 경수가 대화를 거부하는 것 같아서 속상하시겠어요." 이처럼 교사는 학부모의 입장에서 자녀의 행동에 관한 설명 또는 변명에 공감적으로 귀기울여 준다. 만일 그렇지 않고 학생의 행동에 대한 잘못만을 지적하려 든다면, 학부모는 이내 방어적인 태도를 취하고 신뢰관계는 형성되기 어려워져서 결국 면담의 목적을 달성하기 어려울 것이다.

■ **자기개방** 학부모 면담에서 교사가 활용할 수 있는 두 번째 기법은 교사의 자기개방이다. 자기개방이란 교사 자신의 생각 또는 경험을 드러내는 것을 말한다. 교사는 필요하다고 판단되는 시기에 자기개방, 즉 학부모의 경험과 비슷한 교사 자신의 경험 또는 생각을 공유한다. 교사의 자기개방은 학부모와의 작업동맹working alliance과 교육공동체로서의 협력체제 구축을 촉진시킨다. 자기개방을 하는 경우, 교사는 학부모와 유사한 경험을 구체적인 용어로 되돌려 준다.

예를 들어, 학부모가 "같은 반 아이들이 우리 진수를 따돌리는가 봐요. 우리 아이의 행동이 좀 거칠어 보일 때가 있기는 하지만, 남자아이들이 그렇게 하면서 크는 것 아닌가요?"라고 말했다고 하자. 학부모의 진술에 대해 교사는 다음과 같이 공감을 기반으로 자기개방을 할 수 있다. "진수가 어머니께 따돌림 받은 이야기를 하면 무척 속상하시겠어요(공감). 저도 초등학교 3학년 아이 엄마로서 우리 아이가 학교에서 다른 아이들과의 관계에서 힘들어하는 것 같으면 너무 속상한데 진수 어머니께서도 이와 비슷한 심정이 아닐까 싶네요(자기개방)."

교사의 자기개방은 학부모에게 보편성, 즉 교사도 자녀를 키우는 어머니로서 학부모의 심정을 충분히 이해할 수 있음을 전달할 뿐 아니라 자녀양육의 어려움이 자기 자신만의 문제가 아니라는 위안과 희망을 갖게 한다. 교사의 공감과 자기개방은 궁극적으로 학부모가 기꺼이 학생에 관한 많은 정보를 제공할 수 있게 하는 촉매 역할을 한다. 이렇게 수집된 정보는 학생의 반항적인 행동에 대한 진단과 해결방안의 기초가 된다.

■ **진단 도구 사용** 학부모 면담에서 교사가 활용할 수 있는 세 번째 기법은 진단 도구를 통한 객관적 자료 수집이다. 진단 도구는 학부모가 제공하는 학생에 관한 정보가 다소 부족하거나 객관적인 자료가 필요한 경우에 활용한다. 진단 도구를 통해 교사와 학부모는 학생의 반항적인 행동의 심각도를 객관적으로 확인할 수 있다. 진단 도구를 사용하기에 앞서, 교사는 반드시 학부모의 동의를 구한다.

학부모가 동의하는 경우, 교사는 진단 도구를 제시하면서 다음과 같이 진술한다. "이 도구는 최근 6개월간 자녀의 행동을 관찰한 결과를 표시하고, 그 결과를 통해 자녀의 반항성을 판별하는 것입니다. 여기 제시된 점수는 절대적인 기준이 아닌, 참고자료일 뿐입니다. 또한 아이의 검사 결과는 비밀을 보장합니다." 그런 다음, 교사는 학생의 반항문제 선별도구(〈표 3-1〉) 또는 반항적인 아동·청소년 진단 설문지(〈표 3-2〉)를 학부모에게 제시한다.

■ **피드백** 학부모 면담에서 교사가 활용할 수 있는 네 번째 기법은 피

드백이다. 여기서 피드백이란 학부모의 사고, 감정, 행동 또는 경험에 대한 교사의 반응을 말한다. 교사의 피드백은 지시, 훈계 또는 대안 제시보다 학생의 문제행동이 지속되는 경우 어떤 결과가 초래되는지를 생각할 수 있게 도울 수 있다. 예를 들어, 학부모의 양육 태도 또는 지도방법이 학생의 문제행동에 원인을 제공한다고 판단되는 경우, 이에 대한 교사의 생각 또는 느낌을 전달하는 것이 피드백이다. 피드백은 학생의 긍정적인 면에 대해 먼저 제공한다. 그리고 나서 필요한 경우 부정적인 피드백을 통해 학부모가 자신과 자녀의 문제행동에 대해 숙고해 볼 수 있는 기회를 제공한다. 효과적인 피드백 제공을 위한 체크리스트는 다음과 같다 (이형득, 1982).

글상자 3-4   효과적인 피드백을 위한 체크리스트

○ 준비성: 상대방이 피드백을 위협적으로 느끼지 않고 수용할 준비가 되었는가?
○ 구체성: 피드백 내용이 학생의 행동에 대한 추리나 분석이 아니라 관찰에 의한 구체적인 사실인가?
○ 변화 가능성: 피드백은 상대방을 변화시킬 수 있는 것인가?
○ 비강요성: 피드백은 강요 또는 충고가 아니라 정보를 제공하는 내용인가?

예를 들어, 면담이 원활하게 진행되어 학부모가 들을 준비가 되었다는 생각이 들면 다음과 같은 피드백을 할 수 있다.

글상자 3-5   효과적인 피드백의 예

교사: 어머니, 제가 한 말씀 드려도 될까요?(준비성 확인) 정수는 다른 건 몰라도 발표할 때 보면 아이디어가 정말 참신합니다. 다른 아이들이 정답을 얘기하는 것에 비해 자신만의 생각을 잘 표현하거든요(긍정적 피드백). 그런데 화가 나면 소리

> 를 지르면서 가위나 칼 같은 도구를 들고 싸움하려고 들어요(구체성, 변화 가능성). 이런 방식으로 싸워서 다른 학생이 다치게 된다면, 상해 보상과 같은 난처한 일이 생길 수 있습니다. 더욱 염려가 되는 것은 다른 아이들이 정수를 무서워서 피하게 되고, 그러다 보면 반에서 외톨이가 되지 않을까 하는 생각이 들어서 담임으로서 염려가 되는데(발생 가능한 부정적 결과와 느낌), 잘 생각해 보셨으면 합니다(비강요성).

마지막으로 효과적인 학부모 면담을 위해 유의해야 할 점은 무엇일까?

학부모 면담의 유의점

학부모 면담은 학생의 문제행동과 그 원인을 탐색하고, 문제행동의 변화 방법과 전략을 모색하기 위한 협력적 과정이다. 만일 학부모가 문제를 제대로 인식하지 못하거나 비협조적인 태도를 취한다면, 학생지도를 위한 부담은 온전히 교사가 떠안게 될 수 있다. 그러므로 교사는 학부모 면담의 효율성을 극대화하기 위해 노력해야 할 것이다. 학부모 면담 시 유의사항은 다음과 같다.

첫째, 학부모에게 일방적으로 학생의 문제행동만을 열거하지 않는다. 아무리 학부모가 학생의 문제행동으로 인해 면담을 하게 되었더라도 학생의 잘못만을 나열하는 경우에는 방어적 태도를 유발하게 된다. 학부모의 방어적인 태도는 자기 자신을 돌아보거나 학생의 문제행동 탐색에 강한 저항감을 갖게 할 수 있다. 교사가 자신의 진술에 대한 근거를 제시하면 할수록, 학부모는 더욱더 방어적인 태도를 취하게 되어 면담은 자칫 파국으로 치달을 수 있다. 이러한 경우, 교사는 자신의 말로 진술하는 것보다 미리 준비한 자료를 학부모에게 제시하여 직접 읽어 보도록 한다. 그러면서 자료에 나타난 학생의 문제행동, 가정에서의 유사한 행동 등에 대해 의견을 교환한다. 이때 교사는 공감과 자기개방을 적절히 사용한다.

둘째, 학부모에게 실질적이고 구체적인 정보를 제공하고 해결방안에 대해 의견을 나눈다. 이 작업에는 교사의 피드백 제공, 실행 가능한 조언, 개인 형편을 고려한 환경적 변화에 대한 안내 등이 포함된다. 이 책의 4장과 6장에는 이와 관련된 내용이 수록되어 있으므로 이 중 몇 가지를 간추려 안내한다. 교사의 구체적인 안내와 조언은 학부모에게 자녀교육에 대한 책임을 갖게 하고 변화에 대한 희망을 주게 된다.

셋째, 면담이 끝나면 학생 면담과 학부모 면담 내용을 기록·보관한다. 이렇게 보관된 자료는 학생이해, 추후 학생지도 또는 학부모 면담을 위해 사용된다. 다른 한편으로, 면담자료는 법적인 문제가 발생한 경우에 교사를 보호하는 역할을 할 수 있다. 이러한 다양한 이유로 최근에는 교사들의 교육활동에 대한 기록을 강조하고 있다.

04

반항적인 아동 · 청소년,
어떻게 도울 것인가

반항적인 아동·청소년들을 어떻게 도울 것인가? 수업 중에도 큰 소리로 떠드는 아이, 교사에게 인사하지 않는 아이, 교사의 지시에 따르지 않는 아이, 뒤돌아서며 교사에게 욕설을 내뱉는 아이, 주위에 아랑곳하지 않고 거침없이 공격적으로 행동하는 아이, 어른들보다 큰 체구로 교사를 내려다보며 노려보는 아이 등 이러한 학생들 앞에서 어찌할 바를 몰라 하며 무기력해하는 교사들을 어떻게 도울 것인가? 과거에는 초임교사들이 학생지도에 어려움을 호소하였다면, 최근 들어서는 경험이 많은 교사들조차 이런 학생들을 지도하기 어려워한다.

　만일 반항적인 행동의 정도가 너무 심하고 빈도가 잦아 교사의 지도로는 불가항력이라고 여겨진다면 외부 전문가에게 의뢰해야 할 것이다. 그러나 교사의 태도나 지도 방법에 따라 학생들의 반항적인 행동이 완화될 수도 있고 반대로 더욱 심해질 수도 있다. 즉, 학생의 반항행동에 대해 교사가 어떻게 대처하는가에 따라 문제행동의 정도가 달라질 수 있다. 교사가 학생의 반항적인 행동을 예방 또는 완화시킬 수 있다면, 교실 분위기는 물론 교육적으로도 의미 있는 일이 될 것이다. 따라서 이 장에서는 반항적인 아동·청소년을 돕기 위해 교사가 할 수 있는 조치, 즉 긍정적 환경 조성, 강점 탐색, 행동변화 촉진방법, 환경 재구성, 학부모와의 협력 그리고 부모교육의 실시·의뢰에 대하여 중점적으로 알아보기로 한다.

긍정적 환경 조성

　반항적인 아동·청소년들을 위해 교사가 할 수 있는 첫 번째 대안은 긍정적 환경을 조성하는 것이다. 긍정적 환경이란 음성·비음성 언어를 통해 상대방의 강점 또는 장점과 같이 긍정적인 특성에 초점을 맞추는 것을 말한다. 긍정적 환경 조성은 학생과의 신뢰관계 구축을 촉진함은 물론 학생의 반항심을 완화시킬 수 있다. 여기서는 긍정적 환경 조성을 위한 방법에 대하여 살펴보겠다.

인정 · 격려

긍정적 환경 조성을 위한 첫 번째 방법은 학생들을 적극적으로 인정하고 격려하는 것이다. 여기서 인정과 격려는 학생의 긍정적인 행동이 나타날 때마다 반응해 주는 조건적 · 수동적인 작업이 아니라 학생의 존재 그 자체에 대한 무조건적 · 적극적인 작업이다. 이는 또한 학생의 태도보다는 이들의 정신적 성장에 집중하는 것이기 때문에 반항적인 아동 · 청소년에게도 제공할 수 있다. 그렇다면 학생에 대한 인정과 격려는 어떻게 해야 할까? 여기에는 언제나 진정성이 담겨 있어야 한다. 진정성은 '잘했다' 또는 '예쁘다'와 같은 평가적 표현뿐만 아니라, '고맙다'와 같이 감사의 표현방법으로도 나타낼 수 있다. 학생을 인정해 주는 음성 언어적 표현의 예는 다음과 같다.

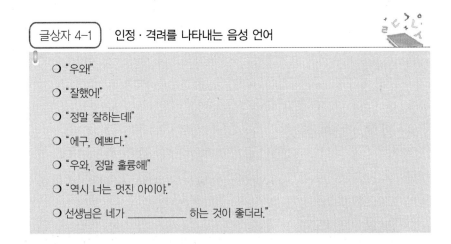

글상자 4-1 인정 · 격려를 나타내는 음성 언어

○ "우와!"
○ "잘했어!"
○ "정말 잘하는데!"
○ "에구, 예쁘다."
○ "우와, 정말 훌륭해!"
○ "역시 너는 멋진 아이야."
○ 선생님은 네가 _____ 하는 것이 좋더라."

○ "혼자서 그렇게 잘할 수 있다니 정말 놀랍다."

○ "네가 _____ 을 하는 걸 보면 정말 감동적이야!"

○ "네가 _____ 하는 모습을 보면 정말 멋있다는 생각이 든다."

인정과 격려는 음성 언어뿐 아니라 다음과 같은 비음성 언어로도 전달할 수 있다.

글상자 4-2 　인정 · 격려를 나타내는 비음성 언어

○ 다정하게 머리를 쓰다듬어 준다.

○ 눈이 마주치면 다정한 미소를 지어 준다.

○ 학생의 어깨에 팔을 두르며 웃음을 보인다.

○ 머리나 어깨를 두드려 주며 격려를 표현한다.

○ 엄지손가락을 들어 보이며 듬직해하는 표정을 짓는다.

긍정적 문장 · 격언의 활용

긍정적 환경 조성을 위한 두 번째 방법은 긍정적 문장이나 격언을 활용하는 것이다. 이 방법의 목적은 반항적인 아동 · 청소년이 긍정적인 말과 글을 지속적으로 접하고 관련 활동에 참여함으로써 긍정성positiveness을 체득하도록 하기 위함이다. 이러한 목적을 달성하기 위해 제작된 도구로는 교사 또는 학부모를 위한 긍정적 문장 카드가 있다. 이러한 도구들은 '자아선언문' '콩나물' '두드림' 등과 같이 다양한 이름으로 제작 · 판매되고 있다. 또한 용기와 긍정적 정서를 심어 주는 격언들을 정리 · 수록한 서적들도 출판되고 있다. 카드 형태의 도구는 타로 카드처럼 임의적으로 뽑아서 활용하기 때문에 호기심 유발에 좋고 긍정적인 분위기 조성에 유용하게 사용될 수 있다. 다음은 긍정카드에 수록된 문장의 예다.

글상자 4-3   긍정카드의 문장 예시

○ 나는 나무만이 아닌 숲 전체를 볼 수 있는 사람이다.

○ 나는 실패해도 다시 일어설 수 있는 사람이다.

○ 나는 내가 가치 있게 여기는 것이 무엇인지를 잘 알고 그것을 지켜 나가는 사람이다.

○ 나는 내가 하고 싶은 것과 해야 할 것에 대해 균형 감각을 가지고 있는 사람이다.

○ 나는 다른 사람의 말을 경청할 줄 아는 사람이다.

○ 나는 세상에 단 하나밖에 없는 소중하고 귀한 사람이다.

○ 나는 나의 실수에도 빙그레 웃을 수 있는 사람이다.

○ 나는 하고 싶은 일 한 가지를 위해서라면 하기 싫은 일 10가지를 해낼 수 있는 사람이다.

출처: 행복한 교육실천 모임(http://cafe.daum.net/edubonjil)

긍정카드는 학생지도를 위한 목적으로 유용하게 활용될 수 있다. 예를 들어, 학생들에게 매주 또는 매달 한 장의 카드를 뽑아 읽도록 해서 자신이 그와 같은 사람인지 생각해 보도록 한다. 그런 다음, 교사는 학생에게 카드에 소개된 사람처럼 되고 싶은지 묻고, 그렇다고 하는 경우에는 그런 사람이 되기 위해 한 주 또는 한 달간 노력해 보자고 권한다. 만일 그렇지 않다고 하는 경우에는 카드를 새로 뽑도록 하여 동일한 질문을 던진다. 이 활동을 일회성으로 끝내지 않고 일정한 기간 동안 지속적으로 실시한다. 즉, 교사는 학생과 대면할 때마다 "진웅이는 ～한 사람이지?" "윤진이의 ～한 모습을 보면 카드에 적힌 사람이 맞는 것 같아."라는 피드백을 통해 내면화를 돕는다.

긍정카드의 기본가정은 긍정적 정서는 마치 운동을 통해 근육을 키우는 것과 같이 지속적인 연습을 통해 체득하고 관리해야 한다는 것이다. 따라서 긍정적인 글은 지속적으로 읽고 마음에 새기는 것이 중요하므로 몸에 지니고 다니는 것도 도움이 된다. 즉, 카드를 책갈피로 사용하거나 책상 또는 사물함에 붙여 두도록 한다. 또한 교실 뒷면의 환경 판을 꾸밀 때, 학생 각자가 자신이 뽑은 카드의 문장을 미니 보드에 적어서 걸도록 하거나 문장을 종이에 적고 실천할 방법을 함께 적어서 게시하도록 한다. 이를 통해 학생들이 가정문제나 학교생활에서 속상하거나 용기를 잃을 때마다 긍정적인 문장을 떠올려 봄으로써 다시금 용기를 얻을 수 있다.

긍정카드 활동은 학생들을 차분하고 진지해지게 하며 공동체 의식을 갖게 하는 효과가 있다. 또한 교사와 학생 관계가 호전되고 학급 분위기가 긍정적으로 바뀌면서 학생들의 문제행동 발생률도 현저하게 감소시킬 수 있다. 주기적으로 새로운 카드를 뽑게 하는 활동은 학생들에게 신선함과 기대감을 심어 주어 긍정적 정서가 자라게 하고 학교생활 만족도를 높이는 효과가 있다.

강점 탐색

반항적인 아동 · 청소년들을 위해 교사가 할 수 있는 두 번째 대안은 학생 개개인의 강점을 찾아 주는 일이다. 긍정적 환경 조성과 더불어 학생의 강점을 찾아 주는 일은 학생들의 정신건강에서 위험 요인을 줄이고 보호 요인을 확대시켜 주는 효과가 있다. 여기서는 긍정심리학positive psychology에서 강조하는 강점 개발을 통해 반항적인 아동 · 청소년을 돕는 방법에 대하여 알아보기로 하자.

인간의 24가지 강점

　강점에 기반을 둔 관점은 로저스와 매슬로우[Abraham Maslow]로 거슬러 올라갈 수 있다. 이 두 심리학자의 주장은 21세기가 시작될 무렵, 셀리그먼[Martin Seligman]을 중심으로 형성된 긍정심리학에 의해 새롭게 조명을 받게 되었다. 강점[strength]은 단순히 다른 사람보다 잘하는 것이나 좋아하는 것이 아니라, 삶에 대처하는 자세로서 기초가 약해도 얼마든지 개발될 수 있는 도덕적 특성이다. 강점은 개인 능력의 한 부분이다. 즉, 재능[talent]이 선천적으로 타고난 것이어서 개발에 한계가 있는 능력이라면, 강점은 그 사람 자체의 참모습이며 의도적인 개발이 무한한 인간의 긍정적인 특질이다(Seligman, 2004).

　셀리그먼(Seligman, 2004)은 인간이 지닌 강점을 24강점으로 정리하였다. 그에 따르면, 인간의 강점은 마치 언어를 습득하는 과정과 같아서 어떤 강점을 개발하느냐에 따라 그것이 대표 강점이 될 수 있다. 따라서 대표 강점은 부모 또는 교사와 같이 주변의 중요한 타인에 의해 개발될 수 있다. 이러한 강점 기반의 훈육과 지도는 반항적인 행동의 예방과 치료에 긍정적인 효과가 있다. 셀리그먼이 제시한 인간의 24가지 강점은 다음과 같다.

> **글상자 4-4**　인간의 24가지 강점
>
> 1. **호기심·흥미**: 세상에 대한 적극적 관심으로, 새로운 경험에 대한 열린 마음, 자신의 생각과 다른 사안에 대한 융통성이 전제가 되며, 불분명한 것을 그냥 지나치지 않게 하는 능력
> 2. **학구열**: 어디서 누구와 있든지 새로운 것을 알고 싶어 하는 열정으로, 정신적·물질적으로 외적 보상이 없을 때도 전문적 식견을 갖추고 그 분야에 대한 학식을 쌓고 싶어 하는 능력
> 3. **판단력·비판적 사고력·개방적 사고방식**: 자신과 다른 사람들에게 도움이 될 만한 정보를 객관적·이성적으로 가릴 줄 알며, 현실을 정확하게 인식하기 때문에 과도

한 자책감이나 단순한 이분법적 사고를 하지 않는 능력

4. **창의성 · 기발한 재주 · 독창성**: 무언가 하고 싶은 일이 있을 때, 그 목적을 달성하기 위해 새로우면서 타당한 방법을 찾는 남다른 능력

5. **사회성 지능**: 정서지능, 즉 자신과 다른 사람에 대한 지능으로, 다른 사람들의 동기와 감정을 금방 알아차리고 그에 맞게 반응할 줄 아는 능력

6. **균형감(지혜)**: 모든 사람이 수긍하는 세상의 이치를 정확히 아는 것으로 지혜와 가장 유사한 능력

7. **용맹 · 용기**: 어렵고 위험해서 다른 사람들이 꺼려 하는 것에도 아랑곳하지 않는 지적 · 정서적 태도로, 싸움터에서 보여 주는 신체적 용감함보다 폭이 넓으며 도덕적 용기와 정신적 용기가 모두 포함되는 능력

8. **근면 · 성실 · 끈기**: 일단 시작한 일은 끝내고 어려운 일을 맡아도 불평 없이 기꺼이 책임을 완수하며, 자원한 일에 몰입하고, 현실적이어서 완벽주의자를 꿈꾸지 않는 능력

9. **정직 · 진정성 · 진솔성**: 말로든 행동으로든 자신의 의도와 목적을 자신은 물론 다른 사람에게 진지하게 알리는 진실성으로, 다른 사람들에게 어떤 사실을 그대로 말하는 것 이상의 의미를 담고 있는 능력

10. **친절 · 자비**: 다른 사람의 존재를 인정하고, 나 아닌 다른 사람들의 최대 관심사를 잣대로 상대방과 관계를 맺는 능력

11. **사랑할 수 있고 받을 수 있는 능력**: 다른 사람들과의 밀접한 관계를 소중히 여기는 것으로, 자신에게 느끼는 것과 똑같은 감정으로 대할 수 있는 능력

12. **시민의식 · 팀워크 · 충실성**: 집단의 목표를 생각하며 집단을 위해 자신의 몫을 다하는 집단 구성원이 되는 것으로, 무조건적 복종이 아닌 리더에 대한 온당한 존경과 충성심

13. **공정성 · 동등성 · 정의**: 개인적인 감정에 따라 다른 사람에 대한 결정을 하지 않는 것으로, 편견 없이 공정하게 대하는 정신

14. **리더십**: 단체를 조직하고 관리하는 것으로, 조직의 임무를 효율적으로 수행하도록 이끌고 구성원들이 원만한 관계를 유지하도록 지도하는 능력

15. **자기통제 · 자기조절**: 욕망과 욕구를 알맞게 조절해서 표출하는 힘으로, 적절한 시기가 올 때까지 자신의 욕망, 욕구, 충동을 자제할 수 있는 능력

16. **신중 · 사려분별 · 재량**: 모든 사항을 충분히 검토한 뒤에 비로소 행동으로 옮기는

힘으로, 더 큰 성공을 위해 눈앞의 이익을 억제할 줄 아는 능력

17. **절제 · 겸손**: 뭇 사람들의 시선을 받으려 하기보다 자신이 맡은 일을 훌륭히 완수하는 힘

18. **심미안 · 수월성**: 자연과 예술, 수학과 과학을 비롯한 세상 모든 것에서 아름다움을 발견하고 경외감과 감동을 느낄 줄 아는 능력

19. **감사**: 자신에게 일어난 기쁜 일을 당연한 것으로 받아들이지 않고 늘 기쁘게 생각하는 마음

20. **희망 · 낙천성 · 미래지향적 사고방식**: 미래에 대한 긍정적인 자세로, 열심히 노력하면 좋은 일이 일어날 것이라고 기대하고 미래를 계획하면서 현재 자신이 있는 곳에서 즐겁게 생활하고 목표를 향해 힘차게 나아가는 힘

21. **영성 · 목적의식 · 믿음**: 우주의 더 큰 목적과 의미에 대한 믿음이 있어서 더 큰 계획에서 자신의 쓰임새를 생각하고, 이 믿음을 밑거름 삼아 행동하고 편안함을 얻을 수 있는 능력 ·

22. **용서 · 자비**: 자신에게 잘못한 사람을 용서하고 잘못을 만회할 기회를 주는 것으로, 가련하고 불쌍히 여겨 복수심을 버릴 줄 아는 능력

23. **유머 · 유희**: 잘 웃고 다른 사람에게 웃음을 선사하는 것으로, 삶을 긍정적으로 보는 경향성

24. **열의 · 열정 · 활력**: 자신이 하는 일에 몸과 마음을 다 바치고 새날에 할 일을 고대하며 아침에 눈을 뜨는, 활기 넘치고 정열적인 성향

출처: Seligman, M. E. P. (2004). *Authentic happiness.* New York: Arthur Pine Associates.

대표 강점 탐색

학생의 대표 강점 탐색은 www.authentichappiness.org에서 가치관 강점검사(Values-In-Action: VIA)를 통해 가능하다. 이 검사는 작성 후 곧바로 피검사자의 강점에 대해 상세한 피드백을 받을 수 있다. 그러나 영어로 되어 있고 문항수가 많아서 학생들이 실시하기에는 어려움이 있으므로 약식검사로 대신해서 학생의 대표 강점을 파악하는 것이 효율적이다

(Seligman, 2004). 약식검사는 간단히 시행할 수 있는 자가진단검사로, 초등학생을 위한 아동용 검사와 중학생 이상을 대상으로 하는 청소년용·성인용 검사로 나뉘어져 있다(부록 A, B 참조).

　검사 결과에서 9~10점이 나오는 강점이 자신의 대표 강점이고, 동점이 있으면 공동순위 대표 강점으로 생각하면 된다. 강점검사를 집단으로 실시하는 경우에는 학생들이 자신의 강점을 소개하면서 강점과 관련된 일화를 들려주고 소감을 나누는 시간을 갖도록 한다. 강점을 말로 표현하는 것은 강점을 자신의 것으로 공고히 하는 효과가 있다. 이때 교사는 반항적인 아동·청소년 또는 정신건강의 위험 요인을 지니고 있는 학생의 강점을 드러내어 인정해 줄 뿐만 아니라 학교생활에서 지속적으로 관심을 가지고 격려를 아끼지 않는다. 또한 조·종례 시간 등과 같이 교사와 학생들이 함께하는 시간을 활용하여 강점을 상기시키는 활동을 통해 학생들의 강점을 내면화하고 자존감을 높여 준다.

행동변화 촉진방법

　반항적인 아동·청소년들을 위해 교사가 할 수 있는 세 번째 대안은 행동변화 촉진방법의 적용이다. 학생의 반항적인 행동은 일단 형성되면 시간이 흐를수록 바로잡아 주기 어렵다. 따라서 교사는 조기에 다음과 같은 방법을 통해 학생의 반항적인 태도를 예방 및 교정한다.

과장기법

　학생의 반항적인 행동의 변화를 촉진하기 위한 첫 번째 방법은 특정 행동을 싫증이 날 때까지 과장해서 하게 하는 것이다. 이는 포만원리, 즉 학생에게 특정 행동이 싫증 날 때까지 계속하게 하는 것을 활용한 것이다. 반항적인 말과 행동을 계속하도록 강요하고 덤덤하게 대응함으로써 스스로 지치게 하거나 질려서 포기하도록 하는 것이다.

예를 들어, 계속해서 말꼬리를 잡고 말대답하는 학생에게 설득하거나 달래는 대신, '그래, 계속해!'라고 말하는 듯한 표정을 지으면서 하던 행동을 계속 진행시킨다. 이때 학생이 화제를 돌리려고 하거나 하던 말을 그만하려고 하면, 교사는 이를 멈추지 말고 계속하게 한다. 이 방법의 핵심은 반항행동을 하고 싶을 때 하고 멈추고 싶을 때 멈추게 하는 것이 아니라 한번 시작하면 억지로라도 계속하게 하여 그 행동에 질리도록 만드는 것이다.

그러나 과장기법을 수업시간에 적용하는 것은 바람직하지 않다. 왜냐하면 다른 학생들에게 방해되거나 모방학습이 일어날 수 있기 때문이다. 따라서 정기적으로 실시할 수 있는 시간과 장소를 정해 두고 학생에게 반항적인 말과 행동만을 하겠다는 계약을 체결하고 나서 지속적으로 실시한다. 그런 다음, 학생이 반항적인 언행에 싫증이 날 때까지 계속하도록 한다. 이때 교사가 위협적인 태도나 분노 섞인 말을 하게 되면 효과가 떨어지므로 준엄한 표정과 건조한 어조를 유지한다.

행동변화를 위한 작업이 진행되는 과정에서 학생이 특정 행동을 다시는 하지 않겠다고 다짐하며 멈추는 경우에도 교사는 계속 진행시켜야 한다. 그럼에도 다시 시작하지 않는다면 잠깐 기다렸다가 다시 문제행동을 계속하도록 지시한다. 그리고 이 기법을 사용할 때 주의할 점은 자해 또는 주변 사람들에게 해가 될 수 있는 행동을 하는 학생에게는 이 기법을 적용해서는 안 된다는 것이다.

무시

　행동변화를 촉진하기 위한 두 번째 방법은 반항적인 행동을 무시하는 것이다. 이는 학생의 반항적인 행동에 주의를 기울이지 않고 이렇다 할 반응을 보이지 않는 것이다. 행동주의적 접근에 따르면, 학생의 반항적인 행동은 강화에 의한 학습의 결과다. 즉, 반항적인 행동은 그 행동을 할 때마다 강화인이 제공되었을 가능성이 높다. 따라서 학생이 반항적인 행동을 통해 얻게 되는 것이 무엇인지 탐색하고 이를 차단하는 것이 중요하다. 예를 들어, 수업시간에 보란 듯이 엎드려 자는 학생이 있다면, 이 학생이 규범과 규칙을 어기면서까지 얻고자 하는 주관적 강화인이 무엇인지 파악해야 한다.

　주관적 강화인이란 자극의 의도와 관계없이 유기체에게는 강화인으로 작용하는 자극을 말한다. 즉, 교사는 수업시간에 잠을 자는 학생에게 꾸지람(벌)을 통해 바람직하지 않은 행동을 소거하려고 하지만, 이 학생은 교사의 꾸지람을 자신에 대한 관심(정적강화)으로 받아들일 수 있다. 게다가 교사의 꾸지람에도 아랑곳하지 않고 잠을 자는 자신의 모습에 다른 학생들이 놀라워한다면, 이때 꾸지람은 반항행동을 강화하는 요인으로 작용했다고 볼 수 있다.

　따라서 학생의 반항적인 행동에 대해 이렇다 할 반응을 보이지 않는 것은 주관적 강화인을 제공하지 않음으로써 문제행동이 나타날 빈도수를 감소시키는 효과가 있다. 그러나 다른 한편으로, 무시는 학생의 문제행동을 용인하는 것처럼 해석되거나 무관심으로 보여질 수 있어 비교육적이라는 비판을 받을 수 있다는 한계가 있다.

상반행동의 동시강화

　학생의 반항적인 행동의 변화를 촉진하기 위한 세 번째 방법은 상반되는 행동을 동시에 강화하는 것이다. 이 방법은 반항적인 행동과 동시에 일어날 수 없는 바람직한 행동을 안내하고 적절하게 강화해 주는 것이다. 이는 흔히 벌점 제도를 통해 금지하는 행동은 명확하게 제시되지만, 권장되는 행동을 안내하는 노력은 부족하다는 점에서 착안된 방법이다. 예를 들어, 급우의 사소한 실수에도 욕설을 퍼붓는 학생이 있다고 하자. 동일한 상황에서 이 학생에게 상대에 대한 비난은 허락하되, 동시에 상반행동으로서 미소를 짓도록 하고 이를 수차례 연습시킨다. 그런 다음, 실제 상황에서 상반되는 행동이 동시에 일어나도록 지도한다.

교사가 반항적인 아동·청소년의 행동에만 집중하여 심적 에너지를 과도하게 사용하다 보면, 학생들을 가르치고 인정·격려하는 데 필요한 에너지가 고갈될 수 있다. 여기서 분노가 발생하고 결국 체벌로 이어져 학생의 반발심을 증폭시키는 한편, 교사에게 반항할 수 있는 빌미를 제공함으로써 악순환의 고리가 형성될 수 있다. 또한 학생은 학생대로 자신의 문제행동에 대해 반성하기보다 그 원인을 교사에게 돌리는 자기합리화가 가능해진다. 결국 교사와 학생의 서로에 대한 부정적 감정은 양자 간의 관계를 악화시켜 교육의 질을 위협하게 된다. 따라서 학생의 문제행동 교정에 집중하기보다 상반되는 행동을 동시에 강화하는 것이 교사와 학생의 관계 악화를 막고 학생의 반항적인 행동을 줄일 수 있는 효과적인 방법이다.

타임아웃

학생의 반항적인 행동의 변화를 촉진하기 위한 네 번째 방법은 타임아웃이다. 타임아웃time-out이란 학생이 반항적인 행동을 할 때 일시적으로 잠시 혼자 있도록 하거나 혹은 같은 공간에 있어도 그 활동에 참여하지 못하도록 제한하는 방법이다. 타임아웃을 실시하기에 앞서, 교사는 타임아웃을 통해 학생이 어떤 정적 강화물을 잃게 되고, 또한 어떤 것을 얻을 수 있는가를 세심하게 고려해야 한다.

예를 들어, 교실이 학생의 반항적인 행동과시를 위한 공간으로 활용되고 있다면, 타임아웃을 통해 반항적인 아동·청소년을 교실공간에서 배제함으로써 정적강화의 요인을 제거할 수 있다. 반면, 타임아웃이 가뜩이나 교실을 벗어나고 싶어 하는 학생의 욕구를 충족시켜 주게 된다면 교실에서 학생을 배제시키는 방법의 교육적 효과는 없는 것이다. 즉, 학생이 좋아하지 않는 과목의 수업시간에 학생에게 타임아웃을 적용한다면 정적 강화물로 작용할 수 있기 때문이다.

따라서 타임아웃이 소기의 성과를 거두려면 학생이 공간에서 배제되고 싶어 하지 않는다는 조건이 전제되어야 한다. 성별 또는 개인적 취향에 따라 다소 차이가 있지만, 학생들은 대체로 운동을 할 수 있는 체육시간, 컴퓨터 활용 수업시간, 자유시간, 생일파티와 같은 학급단위 행사 시간 등을 좋아한다. 타임아웃을 이러한 시간에 적용한다면 행동수정 효과가 높아질 것이다. 타임아웃과 관련이 있는 고립방의 조건과 교육적 사

반항적인 아동·청소년에 대한 타임아웃

용방안에 대해서는 제6장에서 다시 논의하기로 한다.

벌

학생의 반항적인 행동의 변화를 촉진하기 위한 다섯 번째 방법은 벌을 주는 것이다. 벌은 바람직하지 않은 행동의 빈도수를 감소 또는 소거시키기 위해 학생이 싫어하는 자극을 가하거나, 좋아하는 자극을 제거하는 행동수정 방법이다. 즉, 꾸중을 하거나 교실 뒤에 서 있는 것과 같이 싫어하는 자극을 주는 방법은 1차 벌이고, 만화 읽기 금지, 핸드폰 게임 금지와 같이 좋아하는 것을 못하게 하는 방법은 2차 벌에 해당된다. 반항적인 행동의 변화를 위한 벌 역시 타임아웃과 같이 학생에게 미치는 효과를 고려하여 시행한다. 그렇지 않으면 오히려 반항적인 행동을 강화하는 결과를 초래할 수 있기 때문이다.

반항적인 행동에 대해 벌을 주는 것은 대부분 효과가 일시적이기 때문에 그리 권장할 만한 방법은 아니다. 또한 벌을 받은 학생은 자신이 한 행동에 대해 반성하기보다 처벌받은 사실에 대해 불만을 품게 된다. 때로는 처벌로 인한 분노가 다른 친구에 대한 공격으로 이어져 학교폭력의 원인이 되기도 한다. 반항적인 행동을 일삼는 학생들은 흔히 가정 또는 학교에서 반항적인 행동으로 다른 어른들에게 벌을 받아 왔을 가능성이 높다. 이들은 일시적으로 상황을 모면하거나 벌을 피하기 위해 그럴듯한 거짓말이나 변명에 익숙해질 수 있다.

이처럼 벌은 예상치 않은 부작용을 가져올 수 있을 뿐만 아니라 그 자체로 바람직한 행동을 가르칠 수 없다는 한계가 있다. 그러나 벌이 꼭 필요하다고 판단되는 상황이 있다면, 교사가 일방적으로 정하기보다는 학생과의 협의를 거쳐 함께 정한다. 이로써 교사는 학생을 감정적으로 처벌하지 않을 수 있고, 학생은 벌에 대한 불만을 최소화하고 자신의 행동을 되돌아 볼 수 있게 된다. 만일 학생이 벌에 대해 동의하지 않는다면, 다른 방법을 찾아보아야 할 것이다.

교사가 반항적인 행동에 대하여 벌을 주는 경우에는 학생을 벌하는 동시에 바람직한 대안행동을 알려 주고 강화한다. 예를 들어, 화난 감정을 책을 찢거나 물건을 던지는 행동으로 표출했다면, 공격적이지 않고 사회적으로 용인될 수 있는 음성 언어적 표현을 가르쳐 주고 연습시킨다. 아무리 효과가 있다고 해도 벌을 계속해서 사용하는 것은 바람직하지 않다. 대신, 벌의 효과로 학생의 행동에 변화가 나타난다면, 이를 적극적으로 칭찬 · 격려해 줌으로써 벌보다는 칭찬의 빈도수가 많아지도록 전환해 간다. 그러면서 학생의 강점을 끌어내고 이를 학생에게 언어적으로 알려 주어 긍정적 강화가 일어나도록 한다.

환경 재구성

반항적인 아동 · 청소년들을 위해 교사가 할 수 있는 네 번째 대안은 환경을 재구성하는 일이다. 인간은 주변 환경의 영향을 받으며 성장 · 발달한다. 따라서 성장과정에서 매체를 통해 폭력적인 환경에 노출되는 것은 학생들의 성장 · 발달에 영향을 미친다. 폭력적인 환경뿐 아니라 폭력적인 영상이 공격성을 자극한다는 사실은 이미 오래전부터 잘 알려진 사실이다(Bandura, 1977). 폭력에 사용되는 도구를 보기만 해도 청소년들의 공격적 행동을 유발할 수 있다(Bruce et al., 2005).

폭력적인 영상은 다음 두 가지로 분류될 수 있다(Tisseron, 2000). 하나는 예전에 겪은 불안을 되살리는 '폭로성 영상'이고, 다른 하나는 가치판단을 흐리게 하는 '가치상실성 영상'이다. 이 두 영상은 영상 자체로 명확하게 구분되지는 않고 영상을 받아들이는 방식에 따라 구분된다. 즉, 폭력장면은 폭력 피해를 경험한 학생의 경우에는 폭로성 영상이 되어 당시의 불안했던 기억을 되살리는 역할을 한다. 반면, 도덕적·사회적 가치기준이 아직 확립되지 못한 어린 학생들의 경우에는 가치관의 혼동을 일으키는 가치상실성 영상이 될 수 있다.

　문제가 없는 평범한 청소년이라도 폭력영상을 시청하게 되면, 기분이 나빠지거나 가치관이 혼란스러워진다. 즉, 폭력영상을 시청한 학생들은 불쾌한 감정에 빠졌고, 스트레스 해소를 목적으로 폭력집단에 가담하고 싶은 욕구가 증가하였다(Tisseron, 2000). 한편, 미국심리학회(APA, 1991)에서는 TV를 비롯한 매체에서 보여 주는 폭력이 청소년에게 미치는 영향을 연구하였다. 그 결과, 폭력성 매체의 영향을 크게 네 가지, 즉 ① 공격자 효과(타인에 대한 무례함, 공격성, 폭력 증가), ② 희생자 효과(공포, 불신, 자기보호적 행동 증가), ③ 방관자 효과(폭력피해자에 대한 무관심, 부주의, 냉담함 증가), ④ 욕구적 효과(폭력적 내용에 대한 흥미 증가)로 구분하였다. 이렇듯 폭력영상은 평범한 학생들에게도 반항적인 행동을 학습시킬 수 있고,

자극적 환경에의 노출

반항적인 아동 · 청소년에게는 반항성과 공격성을 더 증가시킬 수 있다.

매체를 통해 조성되는 폭력적 환경이 아동과 청소년들의 정서발달에 부정적인 영향을 미친다는 것은 이미 잘 알려진 사실이다. 그러나 오늘날 폭력적이고 선정적인 인터넷 매체를 완전히 차단하는 것은 현실적으로 불가능하다. 청소년 유해 사이트 차단 프로그램을 설치해도 포털 사이트에 검색어 하나만 입력하면, 선정적이고 폭력적인 영상 또는 만화에 접속할 수 있다. 상황이 이러하다면 학생들은 언제든지 손쉽게 원하는 인터넷 사이트에 접속할 수 있다고 가정할 수 있다. 따라서 가정에서 컴퓨터는 공개된 장소에 배치하는 한편, 부모는 자녀와 교육적이고 친사회적인 프로그램을 함께 시청하고 대화의 시간을 가질 것을 권장한다. 이러한 부모의 세심한 배려로 재구성된 환경은 자녀의 자기절제와 매체선별 능력을 향상시켜 반항적인 성향을 완화시키는 효과를 얻을 수 있다.

학부모와의 협력

반항적인 아동 · 청소년들을 지도하기 위해 교사가 할 수 있는 다섯 번째 대안은 학부모와 협력collaboration하는 것이다. 학생지도에 있어서 교사는 학부모와 학생에 관한 자료를 공유하면서 다음의 방법들을 통해 협력한다.

한계 설정

학부모와의 공조를 위한 첫 번째 과업은 부모가 자녀에게 한계를 정하도록 돕는 일이다. 부모는 반항적인 행동을 보이는 자녀에게 명확한 한계를 설정하여 자기조절 능력을 길러 줄 수 있어야 한다. 만일 한계 설정에 어려움을 겪는 부모가 있다면, 교사는 부모에게 한계 설정에 관한 자문을 해 준다. 한계 설정을 위한 지도는 자녀가 어릴수록 효과적이다. 자녀의 요구에 대해 부모가 일관성 없이 거부와 허용을 반복하게 되면 부모에 대한 신뢰가 낮아진다. 또한 자녀의 성장에 따라 요구 수준은 점차 높아져서 부모가 감당하기 어려운 상황으로 전개될 수 있다. 이때 부모가 지금까지 허용하던 요구를 거절하게 되면, 자녀는 반항심을 갖게 된다. 따라서 교사는 학부모에게 한계 설정을 통한 지도의 중요성을 강조하는 한편, 한계 설정을 위한 자문을 통해 보다 적극적으로 부모 역할을 할 수 있도록 돕는다.

효율적인 지시

학부모와의 공조를 위한 두 번째 과업은 부모가 자녀에게 효율적으로 지시하도록 돕는 일이다. 자녀에게 효율적으로 지시하기 위한 지침은 주의집중, 분명하고 확고한 언급, 구체적 · 직접적 언급, 긍정적 어조, 5~10초간의 여유, 결과 제시 · 재확인, 긍정적 조건 제시 등이다.

주의집중

효율적인 지시를 위한 첫 번째 지침은 자녀의 주의를 집중시키는 것이다. 예를 들어, TV 시청 또는 컴퓨터를 사용하는 중이면, 잠시 중단시키고 주의를 집중하게 한 후에 말을 시작한다. 다른 일로 화가 난 상태이면, 화를 누그러뜨릴 수 있는 시간을 준 후에 주의를 집중하도록 한다. 자녀가 주의를 집중하여 경청할 자세가 되면, 부모는 자녀와의 시선 접촉을 유지하면서 전달하고자 하는 말을 시작한다. 지시내용에는 부모의 기대와 지시 이행에 뒤따를 결과를 포함시킨다. 그런 다음, 부모는 자녀가 지시내용을 실행했는지 여부를 반드시 확인하여 필요한 경우, 적절한 보상을 제공한다.

분명하고 확고한 언급

효율적인 지시를 위한 두 번째 지침은 분명하고 확고하게 말하는 것이다. 분명하고 확고하게 지시하려면, 말하기에 앞서 전달하고자 하는 메시지를 명확하게 정리해 보아야 한다. 즉, 자녀에게 무엇을 말하려고 하는지 또는 무엇을 원하는지 헤아려 본다. 한꺼번에 여러 사안에 대해 지시를 하면 거부감이 생길 수 있으므로 한 번에 한 가지 사안에 초점을 맞춘다. 만일 지시내용이 복잡한 경우에는 이를 작은 단계로 나누어 한 번에 한 단계씩 지시하고 이를 확인한다.

구체적 · 직접적 언급

효율적인 지시를 위한 세 번째 지침은 구체적이고 직접적으로 지시하는 것이다. 즉, 에둘러서 말하거나 완곡한 방식이 아니라 전달하고자 하는 메시지를 구체적이고 직접적으로 말한다. 그렇지 않고 다른 사람과 비교하거나 빗대어서 말하는 것은 반항적인 아동의 행동변화에 도움이 되지 않는다. 예를 들어, 자녀가 화장을 하고 등교하는 것을 발견했다면 "화장을 하고 학교 가서야 되겠니?"라고 우회적으로 말하기보다는 "지금 화장을 지워라!"와 같이 직접적으로 지시한다. 자녀가 나쁜 말을 사용하면서 반발하는 경우, "지금 그게 무슨 말이니?"라면서 화를 내는 것보다는 "××라는 말 대신 ○○라고 말해라."고 준엄한 어조로 지시하는 것이 효과적이다.

긍정적 어조

효율적인 지시를 위한 네 번째 지침은 긍정적인 어조로 말하는 것이다. 즉, '~하지 마라'는 부정적 어조의 표현보다는 '~을 하라'는 긍정적인 표현이 자녀의 행동변화에 효과적이다. 예를 들어, "큰소리로 떠들지 마라!" 보다는 "목소리를 낮추고 조용히 말해야지."라고 말하는 것이다. 부정적 어조는 단순히 자녀의 반발심을 자극할 수 있다. 그러나 긍정적 어조로 말하는 것은 바람직하지 않은 행동을 금지시킬 뿐 아니라 바람직한 대체행동을 제시한다는 점에서 효과적이다.

5~10초간 여유

효율적인 지시를 위한 다섯 번째 지침은 다그치지 않고 잠깐의 여유를 두는 것이다. 부모의 입장에서는 자녀가 자신의 지시에 따르기를 기대할 수 있다. 그런데 자녀가 부모의 지시대로 행동할 기미가 보이지 않으면, 자녀를 다그치게 되기 쉽다. 다그치게 되면, 자녀의 자발성을 훼손할 뿐 아니라 공연히 반발심을 조장할 수 있다. 따라서 자녀에게 지시를 하고 나면, 적어도 5~10초 정도는 여유를 가지고 기다릴 필요가 있다. 만일 그래도 반응이 없다면, 자녀가 제대로 들었는지 확인한 후 재차 지시한다.

결과 제시 · 재확인

효율적인 지시를 위한 여섯 번째 지침은 지시에 따르지 않을 경우에 발생할 수 있는 결과에 대해 말하는 것이다. 이는 경고나 위협과는 다르다. 부모가 지시를 내렸는데도 자녀가 이행하지 않을 경우, 화를 내기보다는 불이행으로 인해 일어날 수 있는 일 또는 부모가 취하게 될 행동을 침착하게 이야기해 준다. 그런 다음, 재차 지시한다. 이때 일종의 '앵무새 놀이'를 재미있게 적용하여 자녀에게 지시한 것을 다시 반복해서 말해 보도록 한다.

예를 들어, "10분 후면 인터넷 게임을 마칠 시간이다."라고 말했다면, 자녀에게 "10분 후에 게임 종료!"라고 다시 한 번 말하도록 하여 지시를 스스로에게 상기시키는 것이다. 물론 지시할 때마다 반복하게 할 필요는 없다. 그러나 자녀가 지시를 들었는지 혹은 지시를 제대로 이해했는지 확실하지 않은 경우, 다시 말해 보도록 하여 부모의 지시에 주의를 기울이도록 하는 것이 중요하다.

긍정적 조건 제시

효율적인 지시를 위한 일곱 번째 지침은 지시 이행에 따른 긍정적인 조건을 제시하는 것이다. 즉, "네가 하면 ~할 수 있게 해 줄게."라는 형식으로 말하는 것이다. 부모의 지시가 자녀에게 언제나 즐거운 일이 될 수는 없다. 어쩌면 자녀의 입장에서는 지시에 따르는 것은 고사하고 지시를 받는 것조차 싫을 수 있다. 그러므로 자녀가 내키지 않는 일을 참고 이행하면 그 대가로 좋아하는 일 한 가지를 할 수 있도록 허락한다.

예를 들어, 학기 중에 복장으로 벌점을 받지 않는다는 조건하에 방학 때 머리 염색을 허락하겠다거나 방 청소를 마치면 한 시간 동안 인터넷 게임을 할 수 있다고 말함으로써 복장을 바르게 하고 스스로 방을 정리할 수 있도록 하는 것이다. 이때 유의할 점은 뒤에 이어지는 활동은 반드시 먼저 요구되는 활동을 하지 않고는 거저 얻어질 수 없어야 한다.

부모교육의 실시 · 의뢰

반항적인 아동 · 청소년들을 위해 교사가 할 수 있는 여섯 번째 대안은 직접 부모교육을 실시하거나 다른 교사나 외부 전문가에게 의뢰하는 것이다. 학생이 변하려면 부모가 변해야 한다. 일반적으로 반항적인 아동 · 청소년은 반항적인 행동을 유발시키는 환경과 부모의 영향을 받아 왔다고 가정한다. 따라서 부모교육을 통해 자녀 양육 및 훈육, 자녀와의 효과적인 의사소통 방법 등에서 역량을 갖추도록 돕는다. 또한 자녀의 분노폭발, 공격행동, 거짓말, 절도 등과 같은 부적절한 행동의 심각성을 안내하고, 이들의 교정방법에 대해서도 다룬다(부록 C 참조).

부모교육 전략

부모교육은 단순 강의식보다는 이론, 실습, 과제부여 등이 포함된 일련의 과정으로 진행한다. 또한 부모와 자녀가 함께 참여하는 프로그램이 좋은 반응을 얻고 효과도 높다. 따라서 부모교육 시간에 자녀와 함께 참여하는 활동을 넣거나 자녀와 함께 해결하는 과제를 부여한다. 이러한 과정을 통해 부모와 자녀는 교사 또는 다른 전문가의 코칭을 받으며 긍정적으로 상호작용하는 방법을 배울 수 있다.

부모교육은 가족상담의 형태로 한 가족에게 개별적으로 실시하는 것도 있고, 몇 가족을 모아 소집단으로 실시하기도 한다. 두 가지 방법은 각각의 장단점을 가지고 있다. 개별적인 부모교육은 교사 또는 전문가가 가정의 구체적인 문제에 초점을 맞추고 진행한다. 그러므로 진행과정에서 나타나는 좌절이나 예상치 못한 어려움을 제대로 다룰 수가 있다. 반면, 소집단으로 실시하는 경우, 이러한 세심함을 갖추기는 어렵다. 그러나 학부모들의 관심사를 함께 나눔으로써 서로 위로하고 지지해 줄 수 있다는 이점이 있다.

교사가 직접 부모교육을 실시하지 않는 경우, 부모교육 프로그램, 부모-자녀 집단상담 캠프 등을 실시하는 한국청소년상담복지개발원, 구청이나 시청의 복지센터, 여성가족부, 대학의 사회교육원, 시도교육청의 학부모지원서비스, Wee센터 등을 연결해 준다. 그리고 이러한 기관에서 제공하는 부모교육 프로그램에 관한 정보를 학교 홈페이지에 탑재하고 공유함으로써 학생과 학부모에게 도움을 제공한다.

05

반항적인 아동·청소년,
어떤 문제가 생길 수 있는가

반항성은 학생이 성장해 가면서 점차 자연스럽게 사라지는가 하면 심각한 상태로 진행되기도 한다. 반항성의 진행경로는 예측할 수 없지만, 성인이 되어 나타나는 다양한 정신병리나 문제행동은 어릴 적부터 증상을 보이는 경우가 많다. 따라서 학생의 증상과 환경에 맞는 시의적절한 치료가 필요하다. <u>글상자 5-1</u>은 부모의 비도덕적인 직업, 가정불화 및 폭력 등 만성적인 가정문제로 인해 자녀에게 반항적인 성격이 형성되었음에도 적절한 개입 없이 방치되어 문제행동이 악화된 경우다. 학생이 열악한 환경에 장기간 노출되는 경우, 반항성은 품행장애conduct disorder로, 이는 다시 반사회 성격장애antisocial personality disorder로 진행될 수 있다. 즉, 아동기의 반항적·공격적 성향은 적절한 개입이 없이 방치되면

글상자 5-1   반항적인 행동의 진행사례

내담자 인적사항: 남, 18세

○ 9세: 학교생활 부적응과 학교폭력으로 학교폭력자치위원회에 회부됨.

○ 10세: 장기간 무단결석함.

○ 11세 6개월: 가출과 무단결석 중 다른 지역에서 발견됨.

○ 12세: 상급 학년 학생들과 절도행위로 3회 검거됨.

○ 13세: 무단결석으로 미성년자 보호시설에서 1년을 지냄.

○ 17세 3개월: 자동차 절도로 검거됨. 양육권 포기로 고아원에 들어감.

○ 17세 4개월: 공공장소의 유리창 파괴와 폭력행위로 검거됨.

○ 17세 6개월: 아르바이트 하던 곳에서 고용주의 물건을 훔친 혐의로 검거됨. 미성년자 보호시설에서 6개월을 지냄. 2회 도주했다가 모두 한 달 이내에 <u>스스로 돌아옴.</u>

○ 18세: 자동차 절도, 강간 미수로 검거되어 소년원에 수감됨.

○ 18세 6개월: 소년원에서 다른 소년원생에 대한 공격행동으로 처벌받음.

○ 18세 9개월: 무장 강도, 강간혐의로 검거된 후 시설에 수감됨.

학업부진, 원만하지 못한 교우관계, 학교부적응 등의 어려움을 겪을 수 있다.

게다가 가난, 아동 학대, 가정폭력, 부모의 범죄, 부모의 알코올 중독 등과 같이 심각한 가정문제와 함께 청소년기를 보내게 되는 경우, 품행장애로 나타난다. 품행장애는 성인기에 진입하면서 반사회 성격장애로 이어질 수 있다. 이 장에서는 반항적 성향이 강한 학생이 학창시절과 그 이후의 삶에서 겪게 되는 문제와 어려움, 그리고 발생하는 합병증에 대하여 알아보기로 한다.

초등학생 시기의 문제

반항적인 성향이 시작되는 초등학교 시기는 학생의 반항 빈도나 강도가 약하기 때문에 간과되기 쉽다. 그러나 반항적인 아동은 흔히 가족, 친구, 교사와의 관계에서 문제를 나타내면서 점차 더 심각한 상황으로 전개된다. 따라서 초등학교 시기에 반항적인 아동이 흔히 겪게 되는 문제점을 알아볼 필요가 있다.

약한 가족응집력

반항적인 아동이 흔히 겪게 되는 첫 번째 문제점은 가족과의 신뢰관계 형성을 어려워한다는 것이다. 달리 말하면, 다른 가족 구성원들과의 공동체 의식, 즉 '우리'라는 의식이 약하다. 가족 구성원과 함께 생활하는 데 큰 문제는 없지만, 서로 신뢰하고 의지하는 관계 형성은 어려워한다. 그 이유는 가족 내에 적대적인 대상을 두고 있기 때문인데 그 대상은 흔히 권위를 지닌 부모나 손위형제다.

반항적인 아동·청소년은 부모의 경제적인 능력이나 편애 또는 다른 형제자매에 비해 자신의 권한이나 혜택이 적은 것 등의 이유로 불만스러워한다. 그래서 이들은 부모나 가정 내의 권위자에 대한 억울함, 부정적인 감정 등을 품고 있다. 이러한 심리상태가 가족에 대한 만족도와 응집력을 낮추게 된다. 따라서 반항적인 아동은 가정에서도 부모나 권위자에게 공격적이고, 도전적이며, 무례하게 행동한다.

그리고 반항적인 아동은 자신의 반항적인 말과 행동으로 부모에게 부정적인 피드백을 지속적으로 받게 되는 악순환의 고리를 형성하게 된다. 그래서 이들은 대체로 자존감이 높지 않고 정서적으로 불안하여 가정과 학교에서 어려움을 겪게 된다. 반항적인 아동에게 가정의 경제적인 어려움이나 불화, 심각한 애정결핍, 폭력적인 주변 환경 등과 같은 요인들까지 겹치게 되면 이들은 학생은 쉽게 비행에 빠질 수 있다.

교사와의 관계 악화

반항적인 아동이 흔히 겪게 되는 두 번째 문제점은 특별한 개입이 없다면 교사와의 관계가 점차 악화된다는 것이다. 특히 학년 초에 교사와 지속적인 힘겨루기를 하게 되면서 원만한 관계 형성에 어려움을 겪는다. 교사와의 힘겨루기는 실질적인 불만의 표시라기보다는 마치 불만이 있는 것처럼 행동하는 것인데, 이러한 행동은 교사와 단둘이 있을 때보다는 또래들이 있을 때 더욱 심하게 나타난다.

예를 들어, 교사에게 보란 듯이 말대꾸하거나 대드는가 하면, 교과서나 준비물을 가져오지 않았으면서도 당당한 태도를 보인다. 게다가 수업시간에 딴짓하면서 분위기를 흐트러뜨리다가 지적을 당해도 다른 아동 핑계를 대거나 그럴싸한 궤변으로 잘못을 정당화한다. 설령 교사가 관심을 보여도 "짜증나." "왜 나만 문제 있는 사람 취급해요?"라는 말로 응수하곤 한다. 만일 적절한 개입이 없다면, 반항적인 아동·청소년의 반항심과 적대감은 점점 심하게 표출된다. 교사로서도 인내에 한계를 느끼고 물리적으로 제재를 가하려고 하면, 학생도 의자를 던지거나 욕설을 하거나 교사를 때리는 등 공격적인 행동을 보여 사태가 더욱 악화된다.

반항적인 아동·청소년과의 관계 악화는 교사에게도 스트레스인 stressor으로 작용한다. 교사는 자신의 교육자로서의 자질이나 학생통솔력 등에 문제가 있는 것으로 여기고 자책하거나 고심하게 된다. 교사의 이러한 정신적 고통이 장기화되면 두통, 소화불량, 위장병 등 신체적인 문제가 일어나기도 한다. 이러한 문제는 교사의 교직생활 만족도에도 부정적인 영향을 미치게 되어 학교생활이 즐겁지 않고 학생들과의 대면조차 부담스러워질 수 있다. 학생들 역시 불안한 학급 분위기로 인해 학교생활 만족도가 떨어질 수 있다.

청소년기와 그 이후의 문제

아동의 반항성은 청소년기를 지나 성인기에 들어서면 이성관계 및 성행동에도 영향을 미치게 된다. 반항성은 이성교제, 성관계, 부모 역할에 어떤 영향을 미치는지 알아보자.

이성교제의 영향

학생의 반항성은 부정적인 이성교제를 유발할 수 있다. 특히 초등학생과 같이 어린 나이에 이성교제를 경험한 학생은 청소년이 되면 교칙을 위반하거나 학업을 소홀히 할 가능성이 높다(Jaffee et al., 2001). 이러한 주장에 의하면, 최초 이성교제의 연령대가 점차 낮아지는 현상은 그리 바람직하지 않다고 할 수 있다. 또한 반항적인 아동·청소년은 비슷한 부류의 또래들과 어울리게 되면서 비행을 일삼는 이성 친구와 사귀게 되기 쉽다.

여기에는 폭력적이고 파괴적인 가정의 청소년, 가출, 도벽, 약물사용 등을 행하는 심각한 비행 청소년, 심지어 임신을 경험한 청소년 등이 포함된다. 비행, 이성교제, 성관계에 대한 관심과 집중이 증가하다 보면 자연스럽게 음주, 흡연, 본드, 약물 등의 사용으로 이어진다(Young, Furman, & Jones, 2012). 게다가 반항적인 아동·청소년은 학년이 높아질수록 점차 심각한 문제를 지닌 이성을 만나는 경향을 보인다(Jaffee et al., 2001).

첫 성관계 시기

반항성은 첫 성관계의 시점에 영향을 미치는가? 성인이 되어서 갖는 성관계와는 달리, 청소년기의 첫 성관계는 다른 부정적인 사건과 연결된다. 즉, 청소년의 첫 성관계는 또 다른 성관계로 이어지거나 음주나 흡연 등의 물질오남용이 동반되기 쉽다. 남녀 청소년 모두 이른 시기에 성관계를 경험한 학생일수록 보다 심각한 문제행동과 약물을 사용하는 경향을 보인다. 특히 여학생의 경우, 첫 성관계 이후에 문제행동을 보이는 경향이 있다(Jaffee et al., 2001).

그러면 청소년의 첫 성관계 시기에 영향을 미치는 요인이 있는가? 만일 있다면, 어떤 요인들이 청소년의 첫 성관계 시기에 영향을 미치는가? 청소년의 첫 성관계 시기에 영향을 미치는 개인적 요인으로는 신체적 성숙, 반사회성, 비행 청소년과의 접촉, 물질사용(예: 흡연, 음주, 본드 흡입) 등을 들 수 있다. 또한 부모의 사회경제적 지위, 가족 형태, 부모의 양육 방식, 부모의 반사회적 행동 등도 학생의 개인적 특성 못지않게 첫 성관계 시기 결정에 영향을 미친다. 즉, 부모의 사회경제적 지위가 낮을수록 학생은 어른들의 보살핌을 받지 못하고 유해 환경에서 생활하게 될 가능성이 높다.

이러한 가정 분위기는 학생의 정서적 안정감을 떨어뜨릴 수 있는데, 학생은 일시적인 안정감을 얻기 위한 돌파구로 성관계를 선택하기도 한다.

부모의 양육 방식과 반사회적 행동이 첫 성관계 시기에 미치는 영향을 연구한 결과에 따르면, 억압적이거나 방임적이거나 반사회적 행동을 일삼는 부모를 둔 청소년들의 첫 성관계 시기가 다른 청소년들에 비해 이른 것으로 나타났다. 또한 청소년기에 반항적인 행동과 우울을 함께 겪는 경우에도 저학력, 학교 중퇴, 동거, 임신·출산, 미혼모 등의 순서로 진행되는 경향이 있다(Capaldi, Crosby, & Stoolmiller, 1996).

부모로서의 양육 태도

청소년의 반항성은 장차 이들이 부모가 되었을 때의 양육 태도에 어떤 영향을 미치게 되는가? 반항적인 아동·청소년은 성숙한 성인이 되는 데 어려움을 겪는다. 청소년기에 반항이 심해서 품행에 문제가 있었던 여학생은 성인이 되어서도 반사회 성격장애가 있거나 담배, 술, 본드 등의 물질을 상습적으로 사용하는 등의 문제행동을 나타낸다. 심지어 이들 중에는 범법행위로 인해 행형시설에 수감되는 경우도 있다. 특히 공격성이 강한 여학생들은 청소년기 또는 성인 초기에 출산하는 경우가 빈번하다. 이 여성들은 대체로 가족으로부터 조기에 독립하여 이성과 동거하다가 폭행을 당하기도 하고, 결국 국가의 복지 지원에 의존하게 된다(Jaffee et al., 2001).

청소년기에 반항적이고 공격적이어서 학교를 중퇴했던 여성의 자녀는 그렇지 않은 자녀들에 비해 병원에서 상해와 관련한 진단을 더 많이 받게 되고, 간염 등의 질병에 걸리는 비율이 2~3배 정도 높다(Putallaz & Bierman, 2005). 준비되지 않은 어린 나이에 부모가 되면 자신에 대한 불만과 자녀에 대한 원망 등으로 일관성 없는 양육 태도를 가지거나, 분노로 인해 자녀에게 파괴적인 행동을 보일 가능성이 높다.

　이러한 행동은 신체적 · 정신적으로 자녀의 발달에 부정적인 영향을 주어, 아동 학대 또는 방치로 인한 자녀의 양육권 포기로 이어질 가능성이 높다. 이렇듯 반항적인 아동 · 청소년은 시의적절한 상담과 치료적 개입을 받지 않으면, 성장과정에서 어려움을 겪게 될 뿐만 아니라, 장차 부모로서 자녀양육에 있어서도 유사한 문제행동을 보이게 되어 자녀의 성장에 부정적인 영향을 미치게 된다.

아동 · 청소년의 반항성과 동반되는 문제

　아동 · 청소년의 반항성은 다른 어떤 문제를 동반하게 되는가? 아동 · 청소년의 반항성은 ADHD, 우울장애, 불안장애, 물질사용장애, 학습부진, 학습장애 등의 합병증을 동반하는 경우가 많다(Burke, Loeber, & Birmaher, 2002). 먼저, 아동 · 청소년의 반항성과 ADHD는 어떤 관계에 있는지 살펴보자.

주의력결핍 과잉행동장애

　ADHD, 즉 주의력결핍 과잉행동장애attention-deficit/hyperactivity disorder는 부주의성inattentiveness, 과잉행동hyperactivity 또는 충동성impulsivity이 특징적으로 나타나는 주의력결핍 및 파괴적 행동장애의 일종이다(강진령, 2008). 이 장애의 세부적 특성에는 반항적인 행동이 포함된다. 이러한 점에서 반항장애로 진단되는 아동 · 청소년은 ADHD로 진단되기도 한다. 그러나 반항장애와 ADHD는 엄연히 구별된다(제3장 '감별진단' 참조).

　그런데 때로 반항적인 아동 · 청소년이 ADHD의 특성도 함께 나타내는 경우가 있다. 이는 반항성이 우세하고 주의력결핍과 과잉행동이 부가적으로 나타나는 경우다. 이 경우, 두 가지 중요한 특성이 나타난다. 하나는 반항성만 나타낼 때보다 더 심각한 어려움을 겪는 것이다. 다른 하나는 품행장애와 반사회 성격장애로 빠르게 진행되는 것이다.

ADHD 증상을 동반한 반항적인 아동·청소년의 증상 진행은 성별에 따라 다소 다른 양상을 보인다. 즉, 남학생은 품행장애로의 진행이 빠르고, 비행행동의 정도가 심해진다. 반면, 여학생의 경우, 남학생에 비해 공격적인 행동은 약하게 나타날 수 있지만 심한 우울을 경험하게 된다(Burke, Alison, & Loeber, 2010). 또한 청소년기에 반사회적·폭력적 행동의 발생빈도가 높고, 어른이 되어서도 반사회 성격장애로 진행될 가능성이 높다. 따라서 반항적인 아동·청소년을 상담하고자 하는 경우, ADHD 특성이 있는지 여부의 파악이 선행되어야 한다.

우울장애

우울장애depressive disorder는 우울한 감정이 2주 이상 거의 매일 지속되는 것으로, 일상생활에서 의욕, 흥미, 즐거움 등을 상실하고, 잦은 울음, 식욕감퇴 또는 폭식, 단기간 내의 체중 감소나 증가 등이 특징적으로 나타나는 정신장애다(강진령, 2008). 반항장애는 흔히 남학생에게도 우울 증상을 동반한다. 이는 타인을 향한 공격성으로 자신을 공격하기 때문에 나타나는 현상이다. 반항적인 아동·청소년에게 우울장애가 혼재되는 경우, 물질오남용(알코올, 니코틴 등) 또는 자살 시도 등의 심각한 상황으로 진행되기도 한다.

반항장애에 동반되는 우울 증상은 ADHD와는 달리 반항장애의 진행에 직접적인 영향을 주지 않는다. 즉, 품행장애나 반사회 성격장애로의 진행에 영향을 미치지는 않는다. 그러나 치명적인 폭력 행위, 자살, 초기

성인기 적응의 심각한 어려움 등에 원인을 제공한다. 위급한 상황에서는 전문의의 처방에 따라 항우울제를 투약한다. 우울 증상이 호전되면 반항적인 행동도 줄어든다. 따라서 동반된 우울 증상을 정확하게 진단·치료하는 것은 학생의 반항성 치료에 도움이 된다.

불안장애

불안장애anxiety disorder는 현실적으로 위험이 없는 대상이나 상황에도 두려움을 느끼고 이를 제거하기 위해 부적응 행동을 보이며, 비정기적으로 강한 두려움이나 불쾌감이 갑자기 나타나 10분 이내에 최고조에 달하는 증상이 특징적으로 나타나는 정신장애다(강진령, 2008). 불안장애, 우울장애 등과 같은 내면화 장애intrinsic disorder는 공격성과 반사회적 행동의 특징이 있는 외현화 장애extrinsic disorder와 관련이 없는 것 같지만, 실제로는 서로 연관이 있다.

사춘기 이전에 불안장애가 동반되는 경우, 반항적인 아동·청소년은 오히려 공격성이 감소되어 또래와의 관계가 더 좋아지기도 한다. 이처럼 아동기의 불안은 공격성을 감소시키는 효과가 있다. 그러나 이러한 효과는 사춘기까지 지속되지는 않는다. 사춘기가 되면 오히려 아동기와는 반대 현상이 일어난다. 불안 증상은 반항적인 아동·청소년의 공격성을 심화시키는 역할을 한다. 이러한 현상은 여학생보다 남학생에게서 보다 심하게 나타난다. 그러므로 반항적인 아동·청소년이 뚜렷한 이유 없이 두려움, 불쾌감, 불안감을 보이거나 자주 울고 비관적인 내용의 메일 또는 낙서를 한다면, 관심을 갖고 불안 증상의 동반 여부를 확인해야 한다.

물질사용장애

물질사용장애substance use disorder는 니코틴, 알코올, 코카인 등과 같이 중독성 물질을 습관적으로 섭취하여 심리적 기능 손상과 사회생활의 곤란을 초래하는 장애다(강진령, 2008). 반항적인 아동·청소년들은 흔히 습관적으로 물질을 사용한다. 이들 중에는 이미 초등학교 저학년 때 술, 담배 또는 본드 등을 사용하기 시작하기도 한다. 그리고 성장하면서 이러한 물질의 사용량이 증가하거나 사용하는 물질의 종류 또한 다양해진다. 습관적으로 물질을 사용하는 반항적인 아동·청소년들은 이러한 물질을 구하기 위해 거짓말을 하거나 집에서 돈을 훔치거나 신분증을 위조하기도 한다.

이렇듯 물질을 손에 넣는 과정에서 일어나는 비행이나 공격적 행동과 실제적인 물질사용의 결과는 서로 상승작용을 한다. 이러한 상승작용은 적대적이고 공격적이며 반사회적인 증상이 심한 학생일수록 더욱 뚜렷하게 나타난다. 따라서 반항적인 아동·청소년이 불필요하게 많은 돈을 필요로 하거나, 가래를 자주 뱉거나, 몸에서 알코올, 니코틴, 본드 등으로 의심되는 냄새가 난다면 주의 깊게 관찰해야 한다. 그리고 유해 물질을 쉽게 구하거나 사용할 수 있는 가정환경인지, 귀가 시간은 언제인지, 방과 후 어울리는 친구나 선배는 누구인지, 가정에서 혼자 있는 시간이 얼마나 되는지 등 학교 밖의 생활을 알아보는 것이 도움이 된다.

학업부진

학업부진은 반항성과 어떤 관계가 있는가? 반항적인 아동·청소년은 적개심과 정서불안으로 대체로 산만하고 학업이 부진하다. 이러한 이유 때문에 때로 읽기장애, 산술장애, 쓰기장애와 같은 학습장애를 동반하기도 한다. 일반적으로 아동기 초기와 중기에는 ADHD가, 청소년기에는 비행이나 반사회적 행동이 학업성취에 부정적인 영향을 미친다. 그럼에도 공격적인 행동 또는 반항적인 태도와 학업실패 사이의 인과관계 여부는 단정하기 어렵다.

　학업부진은 취학 이전에 언어적 결함, 사회경제적 불리함, 신경발달 지연과 같은 변인들에 의해 이미 결정된다. 그럼에도 학업부진과 반항적인 행동은 유의한 상관관계가 있다. 예를 들어, 읽기에 어려움이 있는 아동이 부모나 교사의 부정적인 피드백과 불인정, 그리고 또래들의 무시를 받게 되면서 반항적인 성향을 갖게 될 수 있다. 이처럼 초기의 학업실패는 아동 후기에 공격적인 경향성을 증가시키고 주의력결핍, 낮은 학업성취, 신경학적 손상과 함께 향후 품행장애와 반사회 성격장애로 진행될 수 있다. 따라서 학생의 반항성을 예방·치료하기 위해서는 학습의 동기와 의욕을 높여야 한다.

06

반항적인 아동 · 청소년의
행동개선, 어떻게 하는가

- 치료적 미술활동
- 마일리지 제도
- 지시이행훈련
- 자기관찰법
- 원상회복 후 재지시
- 생각교실
- ABC 모형

학생의 반항성을 감소시키기 위한 방법으로는 다양한 접근들이 있다. 그러나 반항적인 아동·청소년의 변화를 돕기 위해서는 무엇보다도 학생과의 라포 형성, 즉 신뢰관계 형성이 선행되어야 한다. 반항적인 아동·청소년은 특히 정서적 유대감 없이는 어른을 신뢰하기 어려워하고, 적대적인 태도를 보인다. 이러한 점에서 치료적 미술활동은 반항적인 아동·청소년과 자연스럽게 유대관계 형성을 촉진할 수 있는 접근방법이다. 즉, 이 접근방법은 그림 그리기를 비롯한 다양한 미술활동을 통해 감정 이해 및 표출을 도울 수 있기 때문이다.

반항적인 아동·청소년을 돕기 위한 또 다른 접근으로는 행동치료의 원리를 적용한 방법이 있다. 행동치료는 객관적인 관찰과 측정을 기반으로 구체적인 목표 설정, 치료절차 적용, 재학습 과정을 통해 행동변화를 꾀한다. 행동치료 기법의 기본 원리는 적응적·생산적 행동을 강화하고, 부적응 행동(거부적·적대적 행동)을 소거하는 것이다. 반면, 인지치료적 접근은 반항적인 행동을 사고에 의한 것으로 간주하고, 행동에 영향을 미치는 역기능적 자동사고와 같은 인지왜곡의 교정에 중점을 둔다.

이처럼 문제 행동에 초점을 둔 접근방법 외에 강점이나 장점 등 긍정적인 부분에 초점을 두는 접근방법도 있다. 즉, 반항적인 아동·청소년들에게는 문제행동 교정도 중요하지만, 강점에 초점을 둔 자존감 향상을 위한 긍정심리학적 노력도 필요하다. 이 장에서는 반항적인 아동·청소년의 행동개선을 촉진하기 위한 다양한 접근방법을 살펴보기로 한다.

치료적 미술활동

반항적인 아동·청소년의 행동개선을 촉진하기 위한 첫 번째 접근은 치료적 미술활동이다. 치료적 미술활동은 자유로운 미술활동을 매개로 자연스럽게 마음을 열 수 있게 하는 접근방법이다. 반항적인 아동·청소년은 흔히 어른에 대한 불신과 거부감으로 쉽게 대화에 응하지 않으려 한다. 그러므로 교사가 학생의 감정을 인식하고 욕구를 파악하는 한편, 학생 내면의 감정과 욕구를 표출하도록 하기 위해서 창작활동이 필요하다. 창작과정에서 학생은 교사의 격려와 존중을 알아차리게 되고 이를 기반으로 스스로 작품을 완성하게 된다.

학생은 자신의 창작물을 소재로 대화하면서 누군가가 자신이 만들 것에 관심을 기울이고 존중한다는 것을 느낄 수 있다(Albrecht, 2006). 그러므로 교사는 학생의 작품을 분석하기보다 수용적인 태도로 학생의 눈에 비친 세상을 이해하고자 노력해야 한다. 여건이 허락한다면 부모가 함께 참여할 수 있도록 한다. 치료적 미술활동 프로그램은 반항적인 아동·청소년의 변화를 이끌어 내는 데도 유용하지만, 감정을 잘 표현하지 못하는 학생에게 표현의 기회를 제공하는 방법으로도 매우 효과적이다.

치료적 미술활동의 주제

반항적인 아동·청소년의 변화를 돕기 위한 치료적 미술활동의 주제는 학생의 성향이나 환경에 따라 다를 수 있다. 교사가 권하는 것을 학생이 거부하는 경우, 학생이 원하는 주제를 택한다. 글상자 6-1 에 제시된 주제들은 반항적인 아동·청소년의 변화에 효과가 있는 것들이다.

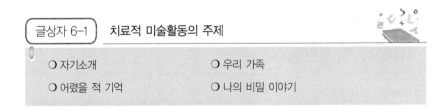

글상자 6-1   치료적 미술활동의 주제

○ 자기소개   ○ 우리 가족
○ 어렸을 적 기억   ○ 나의 비밀 이야기

○ 내가 갖고 싶은 것   ○ 나에게 소중한 것

○ (동적) 학교   ○ 주고 싶은 선물, 받고 싶은 선물

학생에게 주제를 제시하는 경우, 일반적으로 글상자 6-1 의 순서에 따른다. 그러나 하루 중 있었던 사건이나 학생의 심리상태를 탐색할 수 있는 다른 주제를 선정해도 좋다. 예를 들어, 친구의 생일이 다가온다면 '주고 싶은 선물, 받고 싶은 선물'을, 학교 친구와의 다툼이 있었다면, '(동적) 학교'를, 가족 구성원과 갈등이 있었다면, '우리 가족' 혹은 '나에게 소중한 것'을 주제로 선정할 수 있다. 단, 글상자 6-1 에 제시된 주제를 골고루 다 해야 하는 것은 아니며, 필요에 따라 반복 또는 생략하여 융통성 있게 활용한다.

학생은 주제별 창작활동을 통해 내재되어 있던 분노, 적개심, 공격성 등의 부적 감정을 작품에 표출하게 된다. 완성된 작품은 학생과 분리된 대상이라는 점에서 학생은 부적 감정에 대한 수치심이나 책임감에서 벗어나 자유로움과 편안함을 느낄 수 있다. 즉, 학생은 자신의 부적 감정이 담겨 있는 작품과 자신을 분리시켜 그 대상을 보면서 이야기함으로써 자신의 감정과 그 감정을 일으킨 배경에 대하여 객관적으로 생각해 볼 수 있는 기회를 얻을 수 있다. 치료적 미술활동을 시작하는 경우, 학생에게 부담을 최소화하고 동기를 유발할 수 있는 진술의 예는 다음과 같다.

글상자 6-2)   치료적 미술활동을 시작하기 위한 진술의 예

○ "신영이가 그리고 싶은 것을 그려 보자."

○ "정주가 잘 그리던 거 있지? 평소에 자주 그리는 걸 그려 볼까?"

지속적인 치료적 미술활동은 감정의 표출과 이해를 도움으로써 감정 정화를 돕고 학생의 반항성을 점차 감소시키게 된다. 이처럼 치료적 미술활동은 활동중심의 접근으로 대화중심의 접근과는 차별화된 방법이며 반항적인 아동·청소년의 공격성과 적대감 감소에 활용되고 있다.

치료적 미술활동 기법

치료적 미술활동의 목적은 예술적 기교, 기술 또는 작품성을 알아보기 위한 것이 아니라 학생 내면의 이미지를 표현·발달시키는 것이다. 따라서 치료적 미술활동에서는 학생의 은유적 표현, 활동 중 떠오르는 감정, 생각, 상상 등과 같은 내적 경험에 초점을 맞춘다. 여기서는 반항적인 아동·청소년에게 효과적인 활동으로, 집·나무·사람 그리기, 동적 가족화, 가족상징 표현검사, 조소활동, 테두리법, 콜라주, 난화 상호 이야기법, 신체본뜨기, 데칼코마니, 핑거페인팅을 중심으로 살펴보기로 한다.

집·나무·사람 그리기

집·나무·사람 그리기house, tree, person: HTP는 피험자에게 집, 나무, 사람을 그리게 하여 그림의 내용과 그림에 대한 피험자의 이야기를 통해 피험자의 성격적 특성, 적응수준, 성숙도, 가족관계 등을 파악하는 투사적 진단검사다. 검사 실시를 위해 A4용지 4장(우측 상단에 조그만 글자로 1

부터 4까지 번호 기입), HB연필 2~3자루(연필심이 너무 뾰족하지 않은 것), 지우개를 준비한다. A4용지에 번호를 기입하는 이유는 인물화를 그릴 때 어느 성별을 먼저 그렸는지 알기 위해서다. A4용지 1번은 가로로 제시하여 집을 그리게 하고, 2번, 3번 종이는 세로로 제시하여 각각 나무와 사람을, 그리고 4번 종이 역시 세로로 제시하여 3번 종이에 그린 사람의 반대 성의 사람을 그리게 한다. HTP를 시작하기 위한 지시문의 예는 다음과 같다.

글상자 6-3 │ HTP를 시작하기 위한 지시문의 예

지금부터 간단한 그림을 그려 보겠어요. 그림을 그리는 이유는 ○○의 그림실력을 평가하기 위한 것이 아니니까 편안한 마음으로 그리고 싶은 대로 그리면 됩니다. 종이는 한 번에 한 장씩 총 4장을 줄 거예요. 그러니까 총 4장의 그림을 그리게 될 거예요. 단, 만화 캐릭터나 막대기 같은 사람을 그리면 안 됩니다. 자, 그럼 시작하겠어요.

1. (종이를 가로로 제시하면서) 종이에 집을 그려 보세요.
2. (종이를 세로로 제시하면서) 이번에는 한 그루의 나무를 그려 보세요.
3. (종이를 세로로 제시하면서) 여기에는 사람을 그려 보세요. 한 사람만 그리되, 몸 전체를 그려 보세요. (그림을 다 그리고 나면, 여자인지, 남자인지를 물어본 후, 학생의 답을 번호 3 아래에 기입한다.)
4. (종이를 세로로 제시하면서) 이번에는 방금 그렸던 사람과 반대되는 성(性)의 사람을 그려 보세요.

학생이 4장의 그림을 모두 그리고 나면, 교사는 학생과 함께 그림을 보면서 그림에 대한 질문을 던지고 이에 대한 답변을 경청한다. 질문의 목적은 학생의 관심사나 독특한 의미를 파악하기 위한 것이다. 질문은 일정한 형식이 없지만, 학생의 대답에 대해서는 그 이유를 묻는 것이 바람직하다.

글상자 6-4 HTP 그림에 대한 질문의 예

집

1. 이 집은 어디에 있나요?

2. 이 집에 살고 있는 가족은 몇 명인가요? 어떤 사람들인가요?

3. 집안 분위기는 어떤가요?

4. 이 집을 보면 어떤 생각이 드나요?

5. 이 집을 그릴 때 누구의 집을 생각하고 그렸나요?

6. 어떤 부분이 그리기 어렵거나 마음에 들지 않았나요?

나무

1. 이 나무는 어떤 나무인가요?

2. 이 나무는 어디 있나요?

3. 이 나무를 보면 누가 생각나세요?

4. 이 나무에 필요한 것은 무엇인가요?

5. 이 나무의 건강상태는 어떤가요?

사람

1. 이 사람은 지금 무엇을 하고 있나요?

2. 이 사람은 지금 무슨 생각을 하고 있고, 어떻게 느끼고 있나요?

3. 이 사람은 친구가 많나요? 많다면, 어떤 친구들인가요?

4. 이 사람의 성격은 어떤가요? 장점과 단점은 무엇인가요?

5. 이 사람은 행복한가요? 아니면, 불행한가요? 그 이유는 무엇인가요?

6. 이 사람이 좋아하나요? 아니면, 싫어하나요? 그 이유는 무엇인가요?

7. 이 사람을 그릴 때, 누구를 생각하면서 그렸나요?

HTP의 해석은 이론적 관점을 토대로 학생의 심리상태에 대한 추론에 기초해야 한다. 그러므로 그림의 각 요소에 대해 단순히 매뉴얼 상에 제시된 사물의 의미로 해석하는 것은 바람직하지 않으며 각 요소에 대한 해석과 학생의 이야기를 참고한다. HTP의 각 요소에 대한 해석의 예는 다음과 같다.

글상자 6-5 　 HTP 해석의 참고자료

집

○ 처마의 강조: 과잉방어, 의심 많은 태도

○ 벽의 지면선 강조: 불안, 통제되지 않는 부정적 태도

○ 적절히 연결되지 않은 벽: 일차적 욕구가 통제되지 않음

○ 흐린 벽선: 성격 붕괴 임박, 약한 자아통제

○ 문이 없거나 가장 나중에 그림: 고립감, 가족 내 거리감

○ 격자가 없는 창문: 적대적 · 반항적 성향

○ 창문이 잠긴 것을 강조: 외부에서의 위협에 과도한 방어적 태도

○ 집의 뒷면을 그림: 반항적 · 부정적 · 편집증적 경향

나무

○ 거대한 나무: 공격적 경향, 지배욕구

○ 열쇠 구멍처럼 생긴 나무: 반항적 · 적대적 충동, 정서적 폭발

○ 개가 나무에 소변 보는 그림: 공격성, 낮은 자존감, 자기비하

○ 둥치의 윤곽선이 끊어진 경우: 충동성, 불안, 참을성 없음

○ 거대한 둥치: 공격적 성향, 환경적 압박감

사람

○ 이목구비의 생략: 대인관계 마찰, 문제를 회피함

○ 과도한 입의 강조: 구강 공격성, 식욕상실과 위장장애

○ 머리카락의 강조: 공격적·주장적 경향

○ 넓거나 구부러진 코, 툭 튀어나온 코: 거부와 경멸

○ 목의 생략: 충동성, 부적응 상태

○ 팔짱을 낌: 의심 많고 적대적임, 공격성을 경직되게 통제함

○ 5개 이상의 손가락: 욕심 많은 성격, 야심과 공격성

○ 다리의 강조: 폭력성

○ 큰 어깨 혹은 어깨의 강조: 신체적 힘에 대한 욕구

예를 들어, '땅 밑이 훤하게 들여다보이는 뿌리'를 그렸다고 해서 단순히 매뉴얼의 내용대로 피험자는 "현실 검증력이 약하고 정신분열의 진행이 의심된다."고 해석해서는 안 된다. 대신, 그림이 주는 주관적 인상과 질

[그림 6-1] 사람 그림의 예시

문에 대한 학생의 대답에 근거하여 간단히 인상중심으로 해석하는 것이 바람직하다. [그림 6-1]은 "누군가에게 화가 난 것 같은 무서운 인상을 준다." "손톱이나 수염, 머리카락 등을 매우 거칠게 그린 것으로 보아 공격적인 느낌을 준다." 등으로 해석한다. 그리고 나서 관찰을 통해 학생을 더욱 깊이 알아 가는 것이 좋다. 만일 학생이 그린 HTP를 보다 정확하게 해석하고 싶다면, 외부전문가에게 해석을 의뢰한다.

동적 가족화

동적 가족화kinetic family drawing: KFD는 1970년 브룬스Bruns와 카우프만 Kaufman에 의해 창안되었다. 동적 가족화는 '가족이 무언가를 하고 있는 그림'을 그리게 하여 가족 구성원에 대한 감정이나 태도를 그림 속에 투사하도록 하는 도구다. 이는 치료적 미술활동이라기보다는 방어기제를 통해 겉으로 드러나지 않는 문제를 파악할 수 있는 진단검사의 일종이다. 검사 실시에 필요한 준비물은 HTP와 동일하며, 검사를 실시하기 위한 지시문의 예는 다음과 같다.

글상자 6-6　KFD를 시작하기 위한 지시문의 예

"너를 포함한 너희 가족이 무엇인가를 하고 있는 그림을 그려 보렴. 반드시 어떤 행동을 하고 있는 그림을 그리되, 만화나 막대기 같은 사람이 아니고 완전한 사람을 그려야 된단다."

만일 학생이 그림에 대한 질문을 하더라도 "하고 싶은 대로 하렴." 이라고 대답하되, 무언가 암시하는 듯한 응답은 절대 해서는 안 된다. 다시 말해, 비지시적 · 수용적 태도를 취한다. 학생이 그림을 완성하고 나면, 다음과 같은 질문을 던진다.

글상자 6-7　KFD를 위한 지시문의 예

1. 누구를 가장 먼저 그렸나요? 누구를 가장 나중에 그렸나요? (인물을 그린 순서)

2. 각각의 인물은 누구인가요? 몇 살인가요? (인물의 신분)

3. 각각의 인물은 무엇을 하고 있나요? (인물의 행동)

4. 가족 구성원 중 생략된 사람이 있나요? 가족 외에 추가된 사람이 있나요? (생략/추가된 인물)

글상자 6-7 의 지시문에 대한 학생의 대답 내용은 용지의 여백에 기입하여 정리한다. KFD의 구성요소별 해석적 의미는 다음과 같다.

글상자 6-8   KFD 해석의 참고자료

1. 인물의 행위: 가족 구성원 간의 상호작용, 가족 내 역할 유형

2. 상징적 표현: 공격성, 애정, 분노, 힘의 과시, 우울감정 등

3. 역동성: 가족 간의 감정의 성격과 강도

4. 인물묘사에 대한 해석

   ○ 인물묘사 순위: 가족 구성원의 일상적 서열

   ○ 인물묘사 위치: 리더와 복종의 상하관계

   ○ 인물묘사 크기: 각 구성원에 대하여 느끼는 중요도, 존재감, 태도

   ○ 인물 간 거리: 관계적 친밀성

   ○ 얼굴방향: 가족관계의 심리적 방향

   ○ 가족 구성원의 생략: 그 인물과의 갈등, 없었으면 하는 심리

   ○ 타인(가족 아닌 사람) 첨가: 가족과의 거리감과 타인과의 친밀감

5. 인물묘사의 특징에 따른 해석

   ○ 음영, 갈겨 그리기: 고착과 불안

   ○ 특정 신체부분의 과장: 그 부분에 대한 집착

   ○ 신체부분의 생략: 그 부분에 대한 집착과 죄의식

   ○ 얼굴 표정: 직접적인 감정

   ○ 의복의 장식: 의존성과 욕구불만

   ○ 회전된 인물상: 상실과 분리감정

   ○ 정교한 묘사: 환경에 대한 관심, 심한 경우 강박적 불안

   ○ 필압: 굵은 선(충동성, 공격성)/약한 선(우울, 소극성)

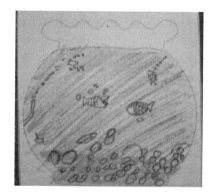

[그림 6-2] 동물 가족화의 예시

글상자 6-8 에 제시된 자료를 참고로 학생의 그림을 해석하되, 학생의 이야기, 행동, 이야기를 할 때의 눈빛, 표정, 태도 등의 맥락을 참고한다. KFD 외에도 빈 어항이 그려진 종이를 제시하고 그 속에 동물가족화를 그리게 하거나 가족상징 표현검사를 실시해 볼 수 있다.

[그림 6-2]의 동물가족화를 그린 학생은 다양한 색상의 색연필이 있었음에도 검정색과 연두색만을 사용하였다. 또한 두 마리의 물고기가 서로 마주 보고 으르렁거리는 모습을 표현하였는데, 이는 화를 내고 잔소리하는 엄마와 꾹 참고 듣고 있는 자신이라고 설명하였다. 그리고 수면 가까이에 있는 물고기들은 이 상황을 외면하고 있는 아빠와 동생이라고 했다. 학생의 그림을 함께 보면서 각각의 물고기가 누구를 상징하는지, 무엇을 하고 있는지 등과 같은 질문을 통해 가족의 역동관계를 탐색하고 관계 속에서의 학생의 감정 상태를 파악한다.

가족상징 표현검사

가족상징 표현검사는 그림에 대한 거부감이 있어서 그림 검사를 수행하기 어려워하는 학생들에게 적합한 검사도구다. 이 검사를 실시하기 위해서는 〈표 6-3〉에 제시된 양식을 제시하고 작성하도록 한다. 단, 동물로 표현하는 난에는 동물의 띠(예: 쥐띠, 닭띠, 뱀띠 등)로 표현하지 않도록 미리 알려 준다.

표 6-1. 가족상징 표현검사의 예

가족＼표현	내 마음	아빠 마음	엄마 마음	형제자매 마음	우리 집
동물	늑대	호랑이	사자	토끼	곰
색	연두색	회색	주황색	빨강	검은색
감촉	부드럽다.	거칠다.	거칠다.	연하다.	거칠다.
날씨	조금 흐림	흐림	소나기	눈	조금 흐림
꽃	안개꽃	할미꽃	가시 달린 장미	벚꽃	나팔꽃
맛	달콤	씁쓸	매우 씀	달짝지근	조금 씀

〈표 6-1〉은 반항적인 행동으로 선도 조치를 받고 있는 중학교 1학년 학생이 작성한 것이다. 이 학생은 아버지와 어머니를 표현하는 항목에서 '호랑이' '사자' '소나기' '가시 달린 장미' 등 공통적으로 무서워하고 싫어하는 감정을 표현하고 있다. 특히 우리 집을 '거칠다' '흐리다' '쓰다' 등 부정적으로 표현함으로써 가정에서의 불편한 감정을 고스란히 드러내고 있다.

조소활동

조소활동이란 지점토, (고무) 찰흙, 점핑클레이 등과 같은 점토 종류의 재료를 사용하여 평면이나 입체작품을 만드는 것을 말한다. 이 활동은 상담 초기에 학생과의 라포 형성과 감정 표현을 돕는 데 효과적이다. 점토는 무른 정도에 따라 감정 표현의 촉진 효과가 다르다. 즉, 젖은 점토는 감정 표현을 촉진하는 반면, 단단한 점토는 감정을 통제하는 경향이 있다.

그러므로 자기통제나 감정·행동의 절제가 어려운 학생에게는 다소 단단한 점토를 사용하는 것이 좋다. 대신, 분노나 억압된 감정의 표출이 필요한 학생에게는 무른 점토를 사용하는 것이 좋다. 단, 젖은 점토를 던지거나 밟거나 휘젓게 하는 것은 오히려 두려움의 원인이 될 수 있으므로 이러한 활동은 피한다. 다음은 조소활동을 시작하기 위한 지시문의 예다.

글상자 6-9   조소활동을 시작하기 위한 지시문의 예

○ "오늘은 이 점토를 그냥 마음 가는 대로 주물러 볼까?"

○ "여기서 ○○가 원하는 모양 틀로 지점토를 찍어 내어 보자."

○ "이 점토로 ○○의 모습을 만들어 볼까?"

○ "우왜! 멋지게 만들었네. 이걸 누구에게 선물하고 싶니?"

조소활동은 글상자 6-9 에 제시된 예처럼, 부드러운 어조의 지시문으로 시작한다. 이 활동은 점토 주물러 보기, 두드려 보기, 모양 틀로 찍어 보기, 형체 만들기, 색칠하고 그려 넣기 등으로 구성된다. 활동이 끝나면, 도구와 재료를 정리하도록 한다. 그런 다음, 손을 씻고 학생과 작품을 함께 보면서 작품에 관하여 대화를 나눈다. 그러나 학생이 활동을 시도조차 못하거나 거부하는 경우, 교사가 직접 시범을 보이는 것도 좋다. 또는 학생이 생각을 정리하고 자신을 표현할 수 있는 시간을 충분히 가질 수 있도록 말없이 기다려 준다.

테두리법

테두리법은 학생에게 테두리를 그려 넣은 종이를 제시하여 그 안에 그림을 그리거나 채색하게 하는 기법이다. 테두리는 미술활동에 대한 두려움을 덜어 주면서 흥미를 유발시킬 수 있고, 마음을 안정시켜 주는 효과가 있다.

| 글상자 6-10 | 테두리법을 시작하기 위한 지시문의 예 |

○ "여기 동그라미 안에 ○○의 가족을 그려 볼까?"

○ "이 동그라미에 오늘 학교에서 있었던 일을 그려 보자."

○ "이 테두리 안에 ○○의 비밀이야기를 그림으로 나타내 보자."

테두리법에 사용되는 종이의 모양은 반드시 사각이 아니어도 좋다. 즉, 종이의 모서리를 둥글게 잘라 부드러운 느낌이 들게 할 수 있다. 종이의 재질은 그림을 그리는 데 편리한 것으로 다양하게 선택할 수 있다. 테두리는 원형이 무난하며, 자나 컴퍼스를 사용하기보다는 부드러운 재료로 자연스럽게 그려 주는 것이 편안함을 준다.

테두리법 활동이 시작되면, 학생 스스로 자신의 내면세계를 살펴보고 이를 표현할 수 있도록 조용히 기다려 준다. 학생이 그림을 완성하고 나면, 학생과 함께 도구를 정리한다. 그런 다음, 교사는 학생이 그린 그림을 함께 보면서 그림에 대한 이야기를 듣는다. 학생의 이야기를 들으면서 그림의 의미를 심도 있게 파악할 수 있는 질문의 예는 글상자 6-11 과 같다.

| 글상자 6-11 | 테두리 안에 그린 그림에 대한 질문의 예 |

○ "이 그림 속의 사람은 누구인가요?"

○ "이 사람을 보면 어떤 느낌이 드나요?"

○ "여기 이 사람이 손에 들고 있는 것은 무엇인가요?"

콜라주

콜라주는 종이 위에 옷감, 곡식, 과자, 종이, 돌, 모래, 사진, 나뭇잎 등 여러 가지 재료를 붙여서 구성하는 활동이다. 이 활동은 선택할 수 있는 재료가 다양하고 풍부해야 효과적이다. 이 활동은 그리기 활동에 비해 표현이 자유롭고 감정 표현을 정확하게 할 수 있다는 이점이 있다. 이러한 이점 때문에 콜라주는 미술에 대한 거부감이 있는 학생도 쉽게 흥미를 가질 수 있는 접근방법이다. 또한 내적 분노의 해소, 바라는 것에 대한 표출 등이 용이하다는 장점이 있다. 특히 자기소개, 자기감정, 가족이나 친구에게 말하고 싶은 것, 타인에 대한 느낌, 주고 싶은 선물, 받고 싶은 선물 등을 자연스럽게 표현할 수 있는 치료적 미술활동이다. 콜라주 활동을 시작하기 위한 지시문의 예는 글상자 6-12 와 같다.

글상자 6-12   콜라주 활동을 위한 지시문

○ "○○가 갖고 싶은 것을 이 재료로 만들어 보자."

○ "여기 재료를 활용해서 ○○의 마음을 만들어 보자."

○ "○○가 원하는 그림을 찾아서 찢거나 오려서 붙여 보렴."

○ "○○가 마음에 드는 재료를 골라서 ○○ 자신을 나타내 볼까?"

콜라주 작품 속에는 자기상self-image으로 여겨지는 대상이 포함되어 있거나 작품 전체가 자기상인 경우가 있다. 따라서 콜라주 작품은 학생 자신에 대한 생각이 담겨 있어서 작품에 대한 이야기는 흔히 자신에 대한 견해일 수 있다. 그렇다고 해서 콜라주 작품 결과만으로 학생의 마음 상태를 단정해서는 안 된다. 완성된 콜라주 작품 외에도 활동과정, 즉 학생이 재료를 찢고, 자르고, 붙이고, 색칠하는 과정에 대한 관찰결과를 통합적으로 고려해야 한다.

난화 상호 이야기법

난화scribble는 일정한 형식 없이 자유롭게 그리는 낙서와 같은 그림이다. 난화 상호 이야기법mutual scribble story making: MMSM 은 난화법과 테두리법을 응용한 것으로, 개인의 심리적 문제와 억압된 정서를 이끌어 내기 위한 기법이

[그림 6-3] 난화 상호 이야기법의 예시

다. 이 기법은 그림 그리기를 싫어하거나 거부하는 학생 또는 낮은 자존 감으로 그림 그리는 것을 불안해하는 학생에게 그림에 대한 거부감과 두려움을 덜어 준다. 그리고 교사와 학생의 상호작용과 의사소통을 촉진시킬 수 있다는 이점이 있다(최은영, 공마리아, 2008). 이러한 점에서 난화 상호 이야기법은 자유롭고 편안한 분위기 속에서 진행되어야 효과적이다.

난화 상호 이야기법은 교사와 학생이 각각 B4 크기의 종이에 테두리 선을 그려서 상호 교환한다. 두 사람은 각자 테두리 선 안에 난화를 그린 다음, 그림을 다시 교환하여 이미지에 색을 칠한다. 그런 다음, 각자 이미지에 근거하여 이야기를 만들고, 만든 이야기를 상대에게 들려준다. 즉, 학생은 교사가 만든 난화에 심상을 투영하여 형상을 완성하고, 교사는 학생이 만든 난화에 자신의 심상을 투영하여 이야기를 만든다.

난화 상호 이야기법은 교사와 학생이 서로의 역할을 교환함으로써 관계 형성을 촉진하고, 무의식이 투영된 난화를 이야기로 만들어 다시 의

식화시킴으로써 학생 스스로 자신의 문제를 인식하게 할 수 있다는 장점이 있다. 교사는 이야기를 주고받는 과정에서 공감을 통해 학생의 감정 표출을 돕고, 학생의 내면을 탐색하여 문제해결의 실마리를 찾게 된다. 난화 상호 이야기법의 재료는 난화를 그릴 수 있는 것이면 된다. 난화를 그리는 방법은 글상자 6-13 과 같다.

글상자 6-13   난화 그리는 방법

○ 종이에 사인펜 또는 색연필 등으로 그리기

○ OHP 필름에 난화를 그린 후, 겹쳐진 이미지에 마카로 색칠하기

○ 화선지에 먹물로 자유롭게 그린 후, 이미지를 찾아 다양한 색의 물감으로 완성하기

○ 도화지에 사인펜으로 자유롭게 난화를 그린 후, 이미지를 찾아 목공용 풀로 색모래 붙이기

○ 와트만지 같이 두꺼운 도화지를 물에 적신 후 물감으로 그리기

○ 도화지에 자유롭게 난화를 그린 후, 이미지를 찾아 클레이 붙이기

글상자 6-13 에서 소개한 방법 외에도 난화 그리기 방법은 매우 다양하다. 그럼에도 난화 그리기를 어려워하는 학생에게는 글상자 6-14 에서 소개한 난화 상호 이야기법의 진행에 필요한 지시문을 활용하여 그림을 그릴 수 있도록 지지·격려해 준다.

글상자 6-14   난화 상호 이야기법을 위한 지시문

○ "눈을 감고 그려 볼까?"

○ (교사가 먼저 그려 보이며) "이건 뭐처럼 보이니?"

난화 상호 이야기법은 학생의 연령과 지적능력, 그리고 학생의 요구에 따라 다양한 방식으로 진행할 수 있다. 예를 들어, B4 크기의 종이를 4~6등분으로 접은 뒤, 학생에게 낙서하듯이 난화를 그리면서 이야기를 시작하게 한다. 이때 교사는 학생의 이야기를 이어받으면서 학생의 그림 옆 칸에 그림을 그린다. 그러면 학생이 그 이야기를 이어받고 난화를 그리며 이야기를 전개하는 방법이다.

또 다른 방법으로는 B4 크기의 종이를 4등분으로 접은 뒤, 학생이 한 칸에 난화를 그리면, 교사는 다른 칸에 난화를 그린다. 학생과 교사가 번갈아 가며 네 칸에 그림으로 채워 넣으면, 그림의 순서에 관계없이 서로 이야기를 꾸며서 들려준다. 이때 교사와 학생은 그림의 순서를 바꾸어 가며 다른 주제의 이야기를 꾸며 나간다. 또한 잠시 머물고 싶은 장면에서는 더 많은 이야기를 나누기도 한다. 이야기는 반드시 논리적이거나 현실적인 내용일 필요는 없고, 다만 떠오르는 대로 표현하면 된다.

신체본뜨기

신체본뜨기는 학생의 손, 발 혹은 신체 전체를 본뜬 뒤 이를 꾸며 보거나 그려 보는 활동이다. 손을 본뜨고 각 손가락에 자신의 장점을 적어 보게 하거나, 학생의 반항성 감소에 적합한 주제를 내용으로 활동을 전개하여 학생 자신에 대한 탐색을 통해 자기이해를 돕는다.

데칼코마니

데칼코마니decalcomanie는 아트지나 켄트지와 같은 흡수성이 좋은 종이 위에 포스터컬러 물감이나 잉크를 두껍게 칠한 뒤, 종이를 반으로 접어서 대칭 무늬가 나오게 하는 방법이다. 이 방법을 적용하는 경우, 교사는 학생과 무작위로 나타난 형태를 함께 보면서 이미지에 따라 떠오르는 이야기를 나눈다. 데칼코마니는 이렇다 할 기술이 요구되지 않는다는 점에서 미술활동에 대해 거부감을 지닌 학생에게 유용하게 활용할 수 있는 활동이다. 특히 학생의 반항성이 위축과 불안에서 야기되었다고 판단되는 경우에는 자신감과 개별성을 부여하는 데 효과적이다.

핑거페인팅

핑거페인팅finger painting은 원하는 색의 물감과 물풀을 섞어서 재료를 만든 뒤, 손가락과 손바닥을 활용해서 자유롭게 그림을 그리는 방법이다. 이 방법은 자유롭고 부드러운 손의 감촉을 느껴 보게 함으로써 정서적 안정을 꾀하고, 스트레스, 거부와 저항, 공격성을 감소시킬 수 있다.

치료적 미술활동 프로그램 예시

치료적 미술활동은 기법 향상이 목적이 아니라, 학생 내면의 이미지 표현과 발달을 중시한다. 치료적 미술활동은 흔히 문제행동에 변화를 가져올 수 있도록 구조화된 프로그램으로 엮어서 활용된다. 여기서는 반항성 감소를 위한 치료적 미술활동 프로그램과 자존감 향상을 위한 치료적 미술활동 프로그램을 살펴보기로 한다.

반항성 감소를 위한 치료적 미술활동 프로그램

반항적인 아동 · 청소년을 위한 치료적 미술활동 프로그램은 부모의 정서적 방임이나 일관성 없는 양육 태도로 형성되기 쉬운 학생의 반항적 · 공격적 성향을 감소시키기 위한 미술활동 프로그램이다. 이 프로그램은 회기당 40분~60분, 주 1회 실시하되, 학생의 특성, 상담의 목표, 활동방법, 매체의 종류 등에 따라 융통성 있게 조정한다. 반항성 감소를 위한 치료적 미술활동 프로그램의 개요는 〈표 6-2〉와 같다.

표 6-2. 반항성 감소를 위한 치료적 미술활동 프로그램의 예

단계	회기	활동내용	기대효과
초기	1	○ 자기소개 ○ HTP	○ 미술표현에 대한 저항감 감소 ○ 학생의 행동 특성 관찰
중기	2	○ 난화 상호 이야기법	○ 부적 감정 표출 및 발산 유도
	3	○ 동물가족화 그리기, KFD	○ 부적 감정 표출 및 학생이 인지하는 가족관계 파악
	4	○ 콜라주로 갖고 싶은 것, 하고 싶은 일 표현하기	○ 부적 감정 표출 ○ 내적 욕구 표출
	5	○ 부모와의 협동화 그리기	○ 부모와의 관계에서 반항성 감소
	6	○ 자유화	○ 자유로운 감정 표출을 통한 반항성 감소
	7	○ 난화 상호 이야기법	○ 대인관계기술 향상
종결	8	○ 찰흙으로 선물 만들기 ○ 프로그램 소감 나누기	○ 공격성 감소 ○ 대인관계 인식 개선

프로그램 참여 학생에게는 활동을 시작하기 전에 미술재료를 준비하게 하고, 마친 뒤에는 활동에 사용했던 재료와 도구를 정리하게 한다. 이를 통해 학생은 프로그램의 효과 외에도 스스로 정리 정돈하는 습관을 체득할 수 있는 한편, 자신의 행동에 대해 책임감을 기를 수 있다.

자존감 향상을 위한 치료적 미술활동 프로그램

자존감 향상을 위한 치료적 미술활동 프로그램은 학생의 반항성 감소를 위한 처치 이후에 적용해 볼 수 있는 프로그램이다. 사람들은 자신을 심리적으로 보호하기 위해 방어기제를 사용하는데, 학생의 반항성은 낮은 자존감으로 인한 심리적 고통의 가능성으로부터 자신을 보호하기 위한 방어기제라고 가정할 수 있다. 자존감 향상을 위한 치료적 미술활동 프로그램의 개요는 〈표 6-3〉과 같다.

표 6-3. 자존감 향상을 위한 치료적 미술활동 프로그램의 예

단계	회기	활동내용	기대효과
자기 이해 · 수용	1	❍ 내가 바라보는 나 표현하기 ❍ 나의 장단점을 적은 후 발표하기	❍ 정적 · 부적 감정 표출 ❍ 정적 · 부적 행동 지각 ❍ 자기통찰
	2	❍ 긍정적인 나와 부정적인 나를 그림으로 그려 보고 발표하기	❍ 억압된 감정 표출 ❍ 자기감정과 행동 지각 ❍ 자기이해와 수용
	3	❍ 가족에 대한 느낌 탐색 ❍ 콜라주로 사건을 상징적으로 표현하고 발표하기	❍ 가족에 대한 느낌과 경험 표출 ❍ 가족 이해, 수용, 개방
	4	❍ 어린 시절 가장 기뻤을 때와 가장 슬펐을 때를 그림이나 콜라주로 표현하기	❍ 부정적 경험의 정화 ❍ 감정조절 능력 향상
자기 개방 및 존중	5	❍ 내가 되고 싶은 얼굴, 내가 버리고 싶은 얼굴을 가면으로 표현하고 역할극하기	❍ 자기개방 ❍ 자신에 대한 현실적 수용 ❍ 대인관계 증진
	6	❍ 내가 남보다 잘하는 것을 원하는 방식으로 표현하고 발표하기	❍ 자기수용 ❍ 긍정적 사고 ❍ 자신의 소중함 이해 ❍ 자기발견

자기 행동 단계	7	❍ '우리 집'을 주제로 컬러점토 등 다양한 재료를 활용하여 표현하 고 액자에 넣기	❍ 가족의 현실수용 ❍ 희망과 기대감 ❍ 가족 이해 및 새로운 발견
	8	❍ 학교에서 가장 기억에 남는 추억 을 컬러점토를 이용해서 만든 후 액자에 넣기	❍ 학교에 대한 현실적 수용 ❍ 긍정적 사고 ❍ 희망과 기대감
	9	❍ 과거와 미래의 내 모습을 그림으 로 표현하고 발표하기 ❍ 성장에 필요하다고 생각하는 것 과 느낀 점 발표	❍ 긍정적 자아상 확립 ❍ 자기성장 요소 촉진 ❍ 감정조절 및 표현능력 향상

치료적 미술활동 진행 시 유의사항

치료적 미술활동 진행 시 유의할 점은 글상자 6-15 와 같다.

글상자 6-15   치료적 미술활동 진행 시 유의사항

1. 치료적 미술활동이 반항적인 아동·청소년의 반항성 감소에 도움이 될 것이라는 확신을 갖는다.
2. 프로그램을 시작하기에 앞서 학생에게 도움이 될 만한 활동내용, 진행방법, 준비물을 선정한다.
3. 사전에 직접 미술활동을 체험해 보고 강조할 점을 파악하고 미비한 점을 보완한다.
4. 학생이 마음을 쉽게 열지 않을 수 있다는 사실을 인정·수용한다.
5. 학생의 특성을 이해하면서 놀이하듯이 활동에 함께 참여한다.
6. 교과목으로서의 미술활동과는 달리 학생의 태도, 작품의 완성도와 수준에 대해 평가적·분석적 태도를 취하지 않는다.
7. 학생의 작품에 대해 관심을 보이며 지지와 격려를 아끼지 않는다.
8. 이야기하고 싶거나 궁금한 점에 대해 자연스럽게 이야기를 나눈다.

치료적 미술활동 과정에서 교사는 학생과의 상호작용을 통해 학생의 정서적 안정감을 회복하는 데 도움을 줄 수 있다. 뿐만 아니라 자연스러운 대화를 통해 학생의 당면과제 해결에 실마리를 제공할 수 있다. 게다가 교사의 관심과 지지, 그리고 격려는 학생의 자존감을 고양시키는 효과가 있다. 만일 사정상 치료적 미술활동 프로그램에 참여하기 어려운 경우, 교사는 학부모의 협조를 얻어 가정에서 자녀와 함께 활동할 수 있는 과제를 부과한다. 그리고 나서 교사는 과제수행 여부, 활동 과정, 그리고 부모와 함께 나누었던 이야기를 학생을 통해 확인하고 피드백을 제공한다.

마일리지 제도

반항적인 아동 · 청소년의 행동개선을 촉진하기 위한 두 번째 접근은 마일리지 제도다. 마일리지 제도는 행동치료의 기본 원리를 기반으로 스티커를 이용하여 행동을 수정하는 기법이다. 행동치료는 학습 원리를 적용하여 부적응 행동을 감소 또는 소거하고, 적응 행동을 강화하기 위한 이론적 접근이다. 이 이론적 접근에서는 행동을 학습된 것이라는 기본가정하에 부적응 행동도 학습이론에 따른 재학습을 통해 적응 행동으로 바꿀 수 있다고 본다(강진령, 2008). 마일리지 제도를 적용하여 학생의 반항적인 행동을 감소 또는 소거하고, 바람직한 행동을 이끌어 내기 위해서는 글상자 6-16 의 기본 원칙을 확인해야 한다.

글상자 6-16 　마일리지 제도의 기본원칙 이행 여부 체크리스트

1. 반항적인 행동의 원인을 제공하는 요인을 제거하였는가?

2. 과제를 이행할 수 있도록 충분히 쉽고 작은 단계로 세분하였는가?

3. 벌을 주어야 하는 경우, 벌의 기준을 명확히 설명해 주었는가?

4. 학생이 보상이라고 여길 만한 정적 강화물을 사용하였는가?

5. 보상으로 제공되는 정적 강화물은 긍정적인 행동 없이는 얻을 수 없다는 원칙을 지켰는가?

6. 보상을 전략적으로 사용하였는가?

마일리지 제도의 실행

반항적인 아동·청소년은 흔히 친구나 부모 또는 교사에게 도전하면서 심한 욕설을 한다. 학년이 높아질수록 욕설에 사용하는 어휘의 범위는 점차 넓어진다. 큰 소리로 욕설을 하는가 하면, 혼자 중얼거리듯이 하는 욕설로 상대방의 감정을 자극하기도 한다. 마일리지 제도를 적용하여 반항적인 아동·청소년의 욕설하는 행동을 교정하는 예를 들어 보자(부록 D 참조). 이를 위해서는 욕설에 대한 학생의 자각이 선행되어야 한다. 먼저, 교사는 학생의 욕설하는 행동을 감정적으로 받아들이거나 도덕적인 잣대로 설득하기보다는 평정심을 유지하면서 객관적인 관점에서 학생의 행동을 관찰한다. 그런 다음, 다음과 같은 마일리지 제도를 제안한다.

글상자 6-17 │ 마일리지 제도의 실행 지침

1. 교실에서 할 수 있는 바람직한 일을 학생이 정하게 하여 그 일을 실천할 때마다 일의 난이도에 따라 마일리지를 부여한다.

2. 축적된 마일리지 점수에 따른 보상을 정한다.

3. 보상은 마일리지를 지불하지 않고는 절대 얻을 수 없는 것이어야 한다.

4. 학생의 선호도에 따라 마일리지 점수를 달리하여 흥미를 유발시킨다.

5. WORST 3, 즉 학생이 가장 자주 하는 욕설 세 가지와 이를 대신할 긍정적인 표현을 정한다.

6. WORST 3의 욕설을 하는 경우 마일리지를 차감하고, 긍정적인 표현에 대해서는 보너스 마일리지를 준다. 마일리지가 차감되기만 하여 부도가 나면 흥미를 잃고 포기할 수 있으므로 마일리지의 증감 기회를 조절해 준다.

7. 학생이 점차 WORST 3에서 정한 욕설을 사용하지 않게 되면, 다음으로 자주 하는 욕설을 WORST 3으로 정한다.

8. 욕설을 심하게 자주하는 학생에게는 1시간 정도로 짧게 시간을 정해 주고, 그 시간 동안 욕설을 하지 않으면 마일리지를 주면서 점차 시간을 늘여 간다.

마일리지 제도의 적용은 가정과 연계하는 것이 보다 효과적이다. 가정과는 달리 학교는 여러 학생들을 함께 지도해야 하는 현실적인 어려움이 있다. 게다가 마일리지를 통한 강화가 교실 내에서는 제한적일 수 있다는 한계가 있기 때문이다.

지시이행훈련

반항적인 아동 · 청소년의 행동개선을 촉진하기 위한 세 번째 접근은 지시이행훈련이다. 반항적인 아동 · 청소년은 부모나 교사처럼 권위 있는 대상의 지시를 따르지 않는 특성이 있다. 지시이행훈련은 이러한 특성이 과거에 어른의 지시에 따르지 않아도 묵인됐거나 누군가가 대신해 주는 것이 반복되어 습관화되었기 때문이라고 가정한다. 이러한 기본가정을 토대로 지시이행훈련은 반항적인 아동 · 청소년의 반항성을 감소시키고 어른의 지시에 따르게 하기 위해 다음의 3단계로 진행된다.

지시이행훈련 3단계

지시이행훈련은 다음의 3단계, 즉 지시를 이행할 수 있는 여건 조성 단계, 지시 불이행의 일화기록과 제시 단계, 불이행의 습관화로 인한 결과 제시 단계로 진행된다.

지시를 이행할 수 있는 여건 조성

지시이행훈련의 첫 단계에서는 학생이 지시를 이행할 수 있는 여건을 조성한다. 교사는 여러 학생을 동시에 상대해야 하기 때문에 학생 개개인에게 지시이행 단계를 적용하기가 쉽지 않다. 그러므로 지시에 대한 이행 여부를 확인할 수 있는 시점은 교사 스스로 결정한다. 또한 학생이 지시를 따를 수 있도록 물리적 · 심리적 상태를 고려한다. 즉, 학생에게 지시를 해야 할 상황이라면, 지시에 따를 수 있는 여건이 최적의 상태인지를 확인한 후에 지시함으로써 학생이 지시에 따르는 것에 대한 성취감을 경험할 수 있도록 돕는다.

지시 불이행의 일화기록과 제시

지시이행훈련의 두 번째 단계에서는 학생이 지시를 이행하지 않았던 일화를 기록하고 제시한다. 학생에게 지시이행훈련을 하자고 하면 선뜻 응하지 않을 수 있다. 그러므로 교사는 사전에 학생이 교사의 지시를 이행하지 않았던 일화 세 가지 정도를 객관적이고 구체적으로 기록해 두었다가 면담을 통해 제시한다. 이때 도덕적 · 교육적 측면의 가치평가는 피한다. 대신, 그러한 행동으로 인해 교사의 피드백을 느낌 중심의 표현으로 전달한다. 교사가 전달하는 일화와 피드백을 학생이 잘 듣고 있으면, 교사는 "선생님의 이야기를 잘 들어 줘서 고마워."는 등의 말로 학생의 경청하는 태도를 강화시킨다. 이러한 과정을 통해 학생에게 지시이행훈련의 필요성을 느끼고 자발적으로 참여할 수 있는 동기를 부여한다.

불이행의 습관화로 인한 결과 제시

　지시이행훈련의 세 번째 단계에서는 지시의 불이행이 습관화되면 어떤 불이익을 받게 될 수 있고, 다른 사람에게 어떤 모습으로 비춰질 수 있는지 등에 대해 설명한다. 그런 다음, 지시이행훈련 3단계를 설명해 주고, 건강한 습관을 자산으로 체득하기 위한 작업을 함께 해 볼 것을 권유한다. 학생이 교사의 권유를 받아들이면, 이미 지시이행 한 가지를 성공한 것이다. 그렇지 않고 교사의 권유를 끝내 거부하는 경우에는 강요하기보다는 다음 기회에 참여하도록 한다. 지시이행훈련의 3단계의 개요는 글상자 6-18 과 같다.

글상자 6-18) 　지시이행훈련의 3단계

1. 구두로 지시한 뒤, 3~5초 기다린다.
2. 지시에 따르지 않으면, 손짓을 사용하여 다시 한 번 지시하고 3~5초 기다린다.
3. 그래도 지시에 따르지 않으면, 학생의 손을 잡고 지시에 따르도록 돕는다.

　지시이행훈련에 있어서 학생이 교사의 권유를 받아들인다면, 학생의 결단에 대해 적극 칭찬한다. 그런 다음, 학생과 협의하여 훈련일정(날짜, 시간, 횟수 등)을 정한다. 교사와 학생의 협의는 두 사람 간의 관계 개선에 긍정적인 효과를 가져다준다. 즉, 교사는 학생의 행동으로 인한 피해자가 아니라 학생의 행동변화를 돕는 입장이 되므로 쉽게 좌절하지 않고 불필요한 감정의 소모를 줄일 수 있게 된다. 학생 역시 교사가 감정적으로 대처하지 않고 자신을 돕고자 애쓰고 있다는 것을 인식하면서 적대적인 마음이 누그러질 수 있다.

지시이행훈련 시 유의사항

지시이행훈련의 전제조건은 학생에 대한 존중과 배려다. 교사의 세심한 배려는 학생의 경계심과 방어적인 태도를 누그러뜨려서 편안한 마음으로 지시이행훈련에 임하게 할 수 있다. 지시이행훈련 시 유의사항은 다음 세 가지, 즉 쉬운 것부터 시작하고, 군더더기 말은 피하며, 훈련은 집중적 · 규칙적으로 진행한다.

시작은 쉬운 것부터

지시이행훈련은 쉬운 것부터 시작한다. 훈련을 시작하게 되면, 학생은 훈련 자체에 대하여 긴장할 수 있다. 이때 쉬운 것부터 시작하면 지시에 대한 거부감을 줄일 수 있고 오히려 흥미를 유발할 수 있다. 예를 들어 음악 한 곡 듣기, 자기 자리 밑에 떨어진 휴지 줍기, 칠판 정리, 20분 책 읽기 등이다. 그러나 처음부터 어려운 과업이 주어지게 되면, 학생은 부담을 느끼고 흥미를 잃게 되어 교사와 학생 모두 거부감을 갖게 될 수 있다. 또한 과업이 너무 어려워서 부연설명이 필요한 경우는 지시의 단호함이 떨어지게 된다. 그러므로 지시는 쉽고 간명하며 흥미를 유발시킬 수 있어야 한다.

지시는 간명하게

지시이행훈련 시 유의사항의 두 번째는 지시를 간명하게 하는 것이다. 즉, 지시하는 말 외에 습관적으로 하게 되는 재촉, 설득, 군더더기 말과 같은 다른 말을 붙이지 않는다. 예를 들어, 자리에 앉아서 20분 동안 책을 읽으라는 지시를 했다고 하자. 이때 "읽을 만한 책은 있니?"라든가 "돌아

다니거나 다른 자리에 앉지 말고 꼭 네 자리에서 읽어야 돼." 등의 군더더기 말을 붙이는 경우가 있다. 이러한 말들은 지시의 명확성과 단호함을 떨어뜨리고 학생에게 혼란을 줄 수 있다. 그러므로 미리 지시문을 준비하여 지시를 간명하게 할 수 있도록 한다.

훈련은 집중적·규칙적으로

지시이행훈련은 집중적·규칙적으로 진행해야 한다. 훈련에 앞서, 학생과 함께 10가지 정도 쉽고 재미있게 지시할 것을 정한다. 처음 몇 회는 짧은 시간(10분 정도) 동안 쉽고 재미있는 지시사항을 집중적으로 놀이처럼 실시한다. 2~3주 정도 놀이하듯 훈련이 이루어지고 학생도 익숙해지면, 점차 지시의 종류를 다양하게 하면서 난이도를 높여 간다. 그러고 나서 매일 정해진 한두 시간 동안 두세 가지의 지시사항을 간헐적으로 내리고 이를 이행하는 훈련을 한다. 단, 훈련의 방식을 바꾸고자 할 때는 학생과 협의한다.

지시이행 마일리지 제도 운영

학생이 어느 정도 훈련에 적응되고 교사와의 신뢰관계도 형성되었다면, 교사는 학생과 협의하여 교사의 지시에 따를 수 있는 학생의 과업을 정한다. 그런 다음, 그 과업에 대한 교사의 지시를 잘 따랐을 경우 마일리지를 준다. 교사는 하루 일과 중 불특정한 시간에 학생이 약속한 과업에 대해 지시를 하고, 학생은 교사의 지시를 이행한 대가로 마일리지를 받게 된다. 지시이행훈련이 진행되면서 학생은 어려움 없이 교사의 지시에 따르고 강화를 받게 되면서 점차 긍정적이고 적응적인 행동을 체득하게 된다.

자기관찰법

　반항적인 아동·청소년의 행동개선을 촉진하기 위한 네 번째 접근은 자기관찰법self-observation이다. 이 접근방법은 말 그대로 학생 스스로 자신의 행동을 모니터링하는 것이다. 학교에서 학생의 주장은 교사에게는 달리 인식될 수 있다. 즉, 학생의 입장에서는 의사표현일 수 있지만, 교사에게는 말대답 또는 반항으로 받아들여질 수 있다. 또한 수업시간에 던지는 학생의 농담은 학생 입장에서는 다른 학생들의 긴장감을 완화시키는 효과가 있다고 하겠지만, 교사는 수업의 흐름을 끊어 다른 학생들의 학습을 방해하는 행위로 여길 수 있다.

　이처럼 학생의 행동은 상대의 입장에 따라 다르게 인식될 수 있다. 더욱이 말대답과 반항적인 행위와 같은 부적응 행동이 반복될수록 습관으로 굳어져 중요한 타인과의 관계에도 부정적인 영향을 미칠 수 있다. 이러한 점을 감안할 때, 자기관찰법은 학생들에게 자신의 태도와 행동관찰을 통해 통찰을 꾀하고 변화를 추구하도록 도울 수 있다는 이점이 있다. 자기관찰법의 절차는 다음과 같다.

반항행동을 유발하는 상황과 결과 파악

　자기관찰법은 반항행동을 유발하는 상황과 그 결과를 파악하는 것에서 시작한다. 행동에는 반드시 이유가 있다. 이 전제에 따르면, 부모나 교사에게 상습적으로 말대답하거나 반항하는 학생은 이러한 태도와 행동을 통해 무언가를 얻고 있다고 가정할 수 있다. 예를 들어, 반복적으로 부모에게 저항하여 인터넷 게임을 할 수 있게 된 학생은 반항적인 행동으로 자신이 원하는 것을 얻을 수 있다고 인식하게 된다. 이후에도 이와 비슷한 상황이 생기면, 이 학생은 자신이 원하는 것을 얻기 위해 반항적인 행동을 나타낼 것이다.

학생이 말대답이나 반항적인 태도를 통해 얻게 되는 것은 물질이나 시간만이 아니라, 지시나 간섭을 피할 수 있는 방어막 효과도 있다. 그러므로 반항적인 아동·청소년이 실제로 어떤 상황에서 말대답 또는 반항적인 태도를 보이는지 면밀히 관찰한다. 교사의 기분이 좋을 때, 교실 분위기가 진지할 때, 특정 학생에게 관심이 집중될 때, 특정 활동을 할 때 등과 같은 상황을 관찰하고 기록한다. 그런 다음, 학생이 반항적인 행동을 통해 얻게 되는 결과를 조사한다. 학생이 반항적인 행동을 나타내는 상황과 그 결과를 파악하고 나면, 학생 스스로 자기관찰을 통해 자신의 행동을 인식할 수 있도록 돕는다.

자기관찰을 통한 행동 인식

자기관찰을 통한 행동 인식이란 학생이 3~4일 동안 어떤 상황에서 자신이 말대답이나 반항하고 싶은 충동이 생기는지 자각할 수 있는 기회를 제공하는 것이다. 교사는 학생에게 그 상황에서 어떤 행동을 나타냈는지를 기록하게 한다. 이 기록을 함께 보면서 교사는 다음과 같은 진술로 학생이 반항하고 싶어지는 이유에 대해 스스로 탐색할 수 있도록 돕는다.

| 글상자 6-19 | 자기관찰을 통한 행동 인식을 돕기 위한 진술 |

○ "○○ 행동을 하기 전에 어떤 느낌이 들었는지 궁금하구나."
○ "○○ 행동을 하고 나서 어떤 느낌이 들었을 것 같은데."
○ "○○ 행동을 통해 네가 얻게 되는 것이 무엇인지 궁금하구나."

학생은 자기 자신을 관찰·기록하는 방법을 잘 모르거나 관련 없는 내용을 기록할 수 있다. 이 경우, 교사는 자신이 직접 관찰·기록한 내용을 제시한다. 그러나 학생이 더 이상의 탐색을 거부하거나 문제의 심각성을 인정하지 않는다면, 다그치거나 설득하기보다는 일단 보류한다. 교사가 한 걸음 물러나서 기다려 주는 것은 학생에게 자신이 존중받고 있다는 느낌을 줄 수 있다. 이는 교사와의 관계에서 경계의 벽을 낮출 수 있고, 나아가 어른에 대해 신뢰감을 주는 효과를 얻을 수 있다.

상담을 보류한 이후, 학생이 말대답을 하거나 반항적인 행동을 나타낸다면, 교사는 보류했던 면담을 재개한다. 그러나 전과는 달리 문제의 심각성에 대해 좀 더 적극적으로 설명하여 학생 자신의 행동에 대해 탐색하도록 한다. 학생이 자기관찰의 필요성을 인식하기 시작하면, 반항행동의 결과를 기록하도록 한다.

반항행동의 결과 기록·보상

학생은 반항행동의 결과를 '자기관찰일지'에 기록한다. 교사는 학생에게 반항심을 자극하는 상황을 3~5개 정도 선정하도록 하고, 그 상황에서 반항하지 않으면 나타날 것으로 기대되는 결과에 대해 생각해 보게한다. 만일 학생이 반항행동이 더 좋은 결과를 가져온다고 하면, 그 이유를 들어 보고 교사는 반항행동의 부정적인 결과를 말해 준다. 학생이 반항행동의 부정적인 결과에 대하여 인정하지 않으면, 교사와 역할연습을 해 보거나 실제 상황까지 기다린다. 그러나 다행히 반항행동의 부정적인 결과를 인정하고 변화를 시도하고자 한다면, 대체행동을 실천했을 경우에 제공할 보상, 즉 강화물을 정하도록 한다. 단, 약속을 지키지 못하고 반항행동을 했을 경우에 받게 될 벌칙도 함께 정한다.

학생은 반항심을 자극하는 서너 가지 상황에 처했을 때 취한 자신의 행동에 대해 솔직하게 기록한다. 그리고 그 행동의 결과, 좋았던 점과 그렇지 않았던 점에 대해 일주일간 기록한다. 교사는 학생이 반항행동을 하지 않은 경우 약속했던 보상을 제공하는 반면, 그렇지 못한 경우 벌칙을 적용한다. 이 과정을 한 달간 지속한다. 반항심을 자극하던 그 상황에서 더 이상 반항행동을 하지 않으면, 다른 상황을 설정하여 같은 절차를 반복한다. 여기서 한 가지 기억해야 할 점은 자기관찰법을 진행하는 과정에서 설령 교사가 학생의 반항행동으로 실망스럽더라도 꾸중, 비난, 비판해서는 안 되며, 다만 사전에 약속된 벌칙만 적용해야 하는 것이다.

자기통제법

학생이 반항행동의 부정적인 결과를 인식하고 자신의 행동을 개선하고자 하는 의지가 있음에도, 자기관찰법으로 크게 달라지지 않는 경우가 있다. 이 경우, 유용한 자기통제법을 소개한다. 대표적인 자기통제법으로는 반항하고 싶은 충동이 일어났을 때 손가락을 사용해서 1~10까지 천천히 세어 보기, 충동이 사라질 때까지 혀를 물고 있기, 손목에 고무밴드를 한 번 튕겨서 경각심을 일으키기 등이 있다. 교사는 학생에게 자기통제법을 소개하고, 학생이 원하는 방법을 택하도록 한다. 그리고 학생이 적용한 자기통제법도 자기관찰일지에 남기도록 한다. 마찬가지로 교사는 학생이 자기통제법을 실행하여 긍정적인 성과를 얻는 경우, 이에 대하여 적절한 보상을 한다.

원상회복 후 재지시

반항적인 아동·청소년의 행동개선을 촉진하기 위한 다섯 번째 접근은 원상회복 후 재지시하는 방법이다. 이 방법은 주로 초등학교 저학년 아동들에게 적용한다. 반항적인 아동·청소년들은 의도적으로 어른의 요구와는 반대되는 행동을 하는 경향이 있다. 그러면서 자신의 행동으로 인해 어른이 화내거나 속상해하는 모습을 지켜보면서 반항적인 행동을 어른에 대한 저항의 수단으로 사용한다.

　이러한 속성을 이해한다면, 교사는 학생의 반항행동에 대해 불쾌감이나 속상해하는 모습을 보이기보다는 잘못된 행동임을 분명히 알리고 바로잡아 줄 필요가 있다. 이를 위해 교사는 학생이 자신에게 내려진 지시를 반드시 지켜야 한다는 사실을 주지시켜야 한다. 그리고 학생의 잘못으로 일어난 결과는 반드시 학생 자신이 책임져야 한다는 원칙을 준수하도록 지도해야 한다. 학생의 반항적인 행동을 개선하기 위한 원상회복 후 재지시 절차는 다음과 같다.

순응의 즐거움 제공

　학생의 반항적인 행동을 수정하기 위한 첫 단계는 적절한 보상을 통해 순응의 즐거움을 제공하는 것이다. 즉, 쉬운 일부터 지시하고 즉각 보상함으로써 순응의 즐거움을 경험하게 한다. 따라서 교사는 학생이 좋아하거나 실행에 옮기기 쉬운 일을 시킨 후, 이를 완수할 때 곧바로 보상한다. 보상을 통한 순응의 즐거움을 제공하는 예는 글상자 6-20 과 같다.

글상자 6-20 　순응의 즐거움을 제공하는 예

○ 축구를 좋아하는 남학생에게 체육자료실에 가서 축구공을 가져오라고 지시한다. 지시에 순응하면, 점심시간에 축구를 할 수 있게 하는 것으로 보상한다.

○ 학교식당에서 학생이 좋아하는 반찬이 나오는 요일이면, 학생에게 급식차를 밀고 오도록 한다. 지시에 순응하면, 가장 먼저 밥을 먹을 수 있게 하는 것으로 보상한다.

○ 더운 날 선풍기를 켜라고 시킨다. 학생이 선풍기를 켜면 선풍기 바람이 가장 시원하게 불어오는 자리에 일정시간 동안 앉게 하는 것으로 보상한다.

글상자 6-20 의 예처럼, 반항적인 행동을 일삼는 학생에게는 보상을 통한 순응의 즐거움을 제공할 기회를 늘임으로써 학생이 어른의 지시에 순응하는 것을 체득하도록 한다.

원상회복

학생의 반항적인 행동의 개선을 위한 두 번째 단계는 교사의 지시에 반대되는 행동을 했을 때 원상회복하게 하는 것이다. 즉, 학생이 지시를 어기고 반대로 행동했을 경우, 교사는 이를 강제로라도 원래의 상태로 회복시킨다. 예를 들어, 교사가 학생에게 바닥에 떨어져 있는 가방을 책상 옆에 걸어 놓을 것을 지시했는데 학생이 가방을 발로 차서 다른 곳으로 보내 버렸다고 하자. 이때 교사는 학생이 직접 가방을 제자리에 갖다 놓도록 해야 한다. 옆자리 친구가 가져다주게 하거나 교사가 가져와서는 안 되며, 반드시 학생 자신이 책임지고 원상회복시키게 해야 한다. 가방을 가져와 책상 옆에 바로 거는 것이 아니라 처음처럼 바닥에 내려놓게 한 후, 다시 지시한다.

만일 교사의 지시에도 학생이 원상회복시키지 않는다면, 교사는 학생의 손을 잡고 가방이 있는 곳으로 가서 학생이 직접 가방을 가져오도록 한다. 학생에 따라서는 가방을 교사가 지시한 책상 옆이 아니라 의자 뒤에 거는 방식으로 지시에 따르는 척 하면서 실상은 거부하기도 한다. 이 경우, 교사는 학생에게 의자 뒤가 아니라 책상 옆에 걸도록 재차 지시한다. 물론 가방을 거는 방법은 학생의 취향 또는 습관에 따라 다를 수 있고, 그 위치는 그리 중요하지 않다. 다만, 학생의 반항적인 행동의 개선을 위해 반드시 원상회복하게 한 후, 교사가 지시한 대로 따르는 법을 체득할 수 있도록 하는 것이 중요하다.

원상회복에서 재지시

원상회복된 상태에서 학생에게 재차 지시했을 때, 학생이 지시이행을 거부하는 경우에는 학생을 도와서라도 지시에 따르도록 한다. 앞서 제시한 예에서처럼 가방을 원래대로 바닥에 놓은 상태에서 가방을 책상 옆에 걸도록 재차 지시한다. 2~3초 기다려도 학생이 지시에 따르지 않으면, 교사는 학생의 손을 잡고 가방을 걸도록 한다. 이 과정에서 교사는 절대 화를 내서는 안 된다. 반항적인 아동·청소년에게는 어른의 화내는 반응이 오히려 자연스럽고 익숙하게 여겨질 수 있기 때문이다. 교사는 원상회복에서 재지시하는 것이 학생의 반항적인 행동을 건강한 방식으로 대체할 수 있도록 돕는 교육의 과정임을 기억해야 한다. 그러므로 부정적인 감정 표현을 자제하는 한편, 언성을 낮추고 위엄 있는 말투와 눈빛으로 학생이 지시를 반드시 따르도록 해야 한다.

생각교실

반항적인 아동·청소년의 행동개선을 촉진하기 위한 여섯 번째 접근은 생각교실을 활용하는 것이다. 생각교실이란 괴성을 지르거나 물건을 집어던지는 등 학생의 폭력적인 행동으로 인해 수업진행이 불가능하다고 판단되는 경우, 이를 진정시키기 위해 다른 학생들로부터 고립시키는 공간을 말한다. 생각교실을 설치하는 이유는 교실에서 부적응 행동을 보인 학생을 일시적으로 고립시켜 파괴적인 행동을 차단하는 한편, 자신의 행위에 대해 성찰할 수 있는 기회를 제공하기 위해서다. 그러므로 생각교실에는 되도록 학생의 흥미를 자아낼 만한 대상이 없어야 하며, 무엇보다 안전해야 한다. 조용한 음악이 있어 학생에게 안정감을 줄 수 있으면 더욱 좋다. 이 방법은 주로 초등학교 아동들에게 적용되며, 저학년 아동들에게 특히 효과적이다.

반항적인 아동·청소년들은 다른 사람에게 쉽게 화를 내거나 신경질적으로 대하는 경향이 있다. 신경질적인 행동의 예로는 소리 지르기, 울기, 물건을 발로 차거나 집어던지기, 주변 사람 때리기 등이 있다. 반항적인 아동·청소년들은 거부의 의미로 행패를 부리거나 신경질적인 행동을 함으로써 어른을 통제하거나 안 되는 일을 되게 하려는 경향이 있다. 이는 삶에서 자신이 원하는 것을 얻을 수 있는 방법으로 학습되어 온 것이며, 다른 대안적인 방법을 미처 습득하지 못한 것으로 가정할 수 있다. 만일 반항적인 아동·청소년의 행동개선이 이루어지지 않는다면, 유사한 상황에 처할 때마다 부적응 행동으로 자신이 원하는 것을 얻고자 할 것이다.

생각교실의 효과가 높음에도 불구하고, 학교 현장에서 안전하면서도 교육적인 효과를 극대화할 수 있는 고립 장소를 구하기란 쉽지 않다. 게다가 고립으로 인한 학생의 학습권 침해 문제가 제기될 수 있다. 그렇다고 해서 다른 학생들의 학습권 침해도 생각하지 않을 수 없다. 그러므로 학교 내규에 '고립'을 하나의 조치로 규정하는 한편, 고립을 위한 공간을 마련하도록 할 필요가 있다.

즉시 생각교실로 보내기

생각교실의 적용원칙은 학생의 괴성, 울음, 던지기, 차기, 때리기 등의 신경질적인 행동으로 수업진행이 어렵다고 판단되는 경우, 놀라거나 머뭇거림 없이 즉시 해당 학생에게 생각교실로 갈 것을 지시하는 것이다. 지시를 내린 지 30초 안에 생각교실로 가지 않으면 교사가 손을 잡고 데리고 간다. 만일 물건을 집어던졌을 경우에는 물건을 제자리에 놓도록 한 후에 생각교실로 가게 한다. 학생을 생각교실로 보내는 경우, "생각교실로 가라."고만 지시하되, "잘 생각해 봐라."든지 "반성해라."와 같은 말은 하지 않는다.

학생을 생각교실로 보내는 일은 초등학교 저학년 아동의 경우에는 비교적 용이하다. 그러나 고학년 아동이나 중·고등학생이 지시에 따르지 않는 경우, 강제로 데리고 가려고 하기보다는 내버려둔다. 몸집이 큰 학생과 신체적으로 부딪치는 일을 만드는 것은 오히려 상황을 더 악화시킬 수 있기 때문이다. 이러한 학생들에게는 교사의 지시 불이행에 대하여 벌점을 부과함으로써 차라리 생각교실로 가는 것이 낫다고 판단하게 하는 것이 보다 효과적이다.

5분간 자기성찰

학생을 생각교실로 보내는 이유는 조용히 자신의 행동에 대해 성찰해 볼 수 있게 하기 위해서다. 학생이 생각교실에서 조용히 반성하는 시간을 가졌다고 판단된다면, 학생의 고립시간은 5분이면 충분하다. 그러나 생각교실에서조차 울거나 소리를 지른다면, 이러한 행동을 멈출 때까지 학생의 고립시간을 연장시킨다. 단, 벽에 머리를 박는 등의 자해행동을 하는 경우에는 즉시 개입하여 멈추도록 한다. 생각교실의 활용 시, 이처럼 자해의 가능성을 배제할 수는 없다. 그러므로 학생을 생각교실로 보내는 경우에는 아무것도 가지고 가지 않도록 해야 한다. 그리고 생각교실로 보내진 학생의 고립 해제를 잊지 않도록 타이머를 설정한다.

바람직한 대체행동 안내

생각교실에서의 고립시간이 종료되면, 교사는 학생에게 바람직한 대체행동을 가르친다. 이에 앞서 학생은 교실로 돌아와서 생각교실에 가기 전에 하던 일 또는 해야 하는 일을 완수해야 한다. 이때 교사는 학생이 과업수행을 용이하게 할 수 있도록 여건을 조정해 주고, 학생의 태도에 따라 곁에서 학생의 과업수행을 돕는다. 학생이 과업을 완수하면 이에 대해 보상을 제공한다. 그런 다음, 신경질적인 행동과 같은 부적응 행동을 대체할 바람직하고 적응적인 행동을 가르쳐 준다.

예를 들어, 지시를 이행하고 싶지 않거나 지연시키고자 하는 경우, 욕설을 하거나 발을 굴러 소란을 피우는 것이 아니라 교사에게 "선생님, 이거 지금 하지 않고 집에 가서 숙제로 해와도 될까요?"라는 말로 허락을 구하도록 안내한다. 학생에게 대체행동을 가르쳐 주고 난 뒤에는 상황을 설정해 주고 대체행동대로 역할연습을 시킨다. 그리고 학생이 역할연습에 참여한 것에 대해 긍정적인 피드백을 제공한다.

이후에도 학생이 교사에게서 배운 표현방식으로 자신의 의사를 밝히는 경우에는 지지와 격려를 아끼지 않는다. 그리고 가급적 학생의 요구를 들어준다. 이것이 학생지도의 효과를 극대화시키는 방법이다. 만일 학생의 요구를 들어주지 못할 상황이라면, 정중하게 "정말로 네가 원하는 대로 해 주고 싶은데 그러지 못해 미안하구나. 여건이 되면 다음 기회에 꼭 해 줄게."라고 진심으로 약속한다. 그리고 학생의 달라진 표현방식에 대해 긍정적인 피드백으로 보상해 준다.

ABC 모형

　반항적인 아동·청소년의 행동개선을 촉진하기 위한 일곱 번째 접근은 ABC 모형을 적용하는 것이다. ABC 모형에서 A는 선행사건antecedent event, B는 신념belief, C는 결과consequence의 약자다. 이는 합리정서행동치료rational-emotive behavior therapy, REBT의 치료적 모형으로, 정서장애는 어떤 사건 자체에 의해서가 아니라, 사건을 해석하는 사람의 비합리적 신념에 의해 유발된다고 가정한다.

　이 가정에 의하면, 학생의 반항성은 신념이 선행사건을 비합리적 또는 자기패배적으로 해석하게 하고 그 결과, 학생의 감정과 행동이 반항적으로 나타나게 된다는 것이다. 이 모형을 적용하여 반항적인 아동·청소년의 감정과 행동개선을 촉진하려면, 학생의 비합리적 신념을 찾아내어 합리적인 신념으로 바꾸도록 도와야 한다. ABC 모형을 적용한 학생지도 과정은 글상자 6-21 과 같다.

글상자 6-21　ABC 모형을 적용한 학생지도 과정

1. 반항적인 행동의 결과를 수집하고, 이와 관련된 학생의 비합리적 신념과 부정적인 정서를 탐색한다.
2. 분노와 적대감이 어떤 사건이나 사람에 의한 것이 아니라, 자신의 비합리적 신념에 의한 것임을 알려 준다.
3. 학생이 사건을 어떻게 받아들이고 있는지 탐색하여 논박을 통해 비합리적 신념을 합리적 신념으로 대체하도록 돕는다.
4. 신념체계의 변화를 촉진하는 과제를 주고 지지와 격려를 아끼지 않는다.
5. 학생이 변화를 시도하는 행동을 강화시킨다.

비적대적 해석

학생의 반항적인 공격성과 파괴적인 행동은 흔히 사소한 오해로 촉발된다. 이 경우, 교사는 공감적 이해를 기반으로 학생의 감정 상태를 안정시킨 뒤, 다음과 같은 질문으로 학생의 인지과정을 탐색한다.

글상자 6-22) 학생의 인지과정 탐색을 위한 질문의 예

○ "그때 지윤이 머릿속에 어떤 말이 떠올랐니?"

○ "윤철이가 너를 쳐다봤을 때 어떤 생각이 들었니?"

○ "그 일이 있었을 때 현서는 자신에게 어떤 말을 했니?"

○ "선영이가 혼자 중얼거렸을 때 어떤 말을 한다고 생각했니?"

글상자 6-22 에 제시된 탐색질문을 통해 교사는 학생의 인지과정을 확인하면서 학생의 반응에 따라 조심스럽게 논박한다. 단, 논박은 학생의 지적 수준을 고려하여 실시한다. 지적 수준이 낮은 학생은 논박을 이해하지 못하거나 감당하기 어려워할 수 있기 때문이다.

비공격적 해결방법 연습

학생이 자신의 사고와 행동의 문제를 인정하고 변화의 필요성을 인식하게 된다면, 교사는 모델링modeling, 시연rehearsal, 연습을 통해 비공격적인 해결방법을 지도한다. 적절한 상황 예시를 통해 모델링할 수 있는 사고의 예를 시연을 통해 보여 준다. 상담일지 또는 학급경영록에 기록된 학생의 경험 사건을 예로 들 수 있다. 학생이 처했던 상황을 설정한 다음, 교사는 학생에게 그 상황에서 떠올릴 수 있는 긍정적인 생각을 구체적으로 서너 가지 제시한다. 만일 종이에 적어서 제시했다면, 긍정적

인 생각이 적힌 종이를 학생이 가져가도록 한다. 그리고 그 내용을 잘 기억하여 상대방에게 자신의 느낌이나 생각을 정중하게 표현할 수 있는 방법을 모방하고 연습하도록 한다.

실제 상황에의 적용 · 연습

교사는 학생이 모델링, 시연, 연습을 통해 비공격적 사고방식을 체득했다고 판단되면, 학생에게 실제 갈등상황에 적용해 보도록 격려한다. 교사는 진정으로 학생이 기대만큼 잘할 수 있다는 믿음을 가지고 "선생님은 네가 잘할 수 있을 거라고 믿는단다. 그렇지만 쉽지 않을 수 있을 거야. 선생님이 도와줄 테니까 혹시 실망스러운 일이 생기더라도 끝까지 함께 해 보자."라는 말로 지지와 격려를 아끼지 않는다. 반항적인 아동 · 청소년은 종래의 사고방식과 행동 패턴으로 인해 몇 차례 실수할 수 있다.

그러나 교사는 학생의 문제행동 횟수나 정도가 감소되는 것에 초점을 맞추고 적극적으로 강화한다. 반면, 부적절한 행동에 대해서는 차분하고 정중한 방법으로 연습하여 재차 적용해 보도록 격려한다. 이 과정에서 학생에게 적용되는 모델링, 시연, 연습은 학생의 사고 및 행동 변화를 촉진한다. 무엇보다 학생에 대한 교사의 긍정적인 태도와 문제해결 방식은 다른 어떤 기법보다도 강력한 모델링 효과를 산출할 것이다.

변화 인정

학생의 적대감과 분노의 표현방식이 보다 적응적인 방식으로 이루어지게 된다면, 이러한 성취를 인정하는 증서나 인증 샷과 같은 가시적인 보상으로 변화를 축하해 준다. 학생이 노력하여 이룬 성과에 대해 물증을 남기는 일은 대단히 중요하다. 왜냐하면 자신의 성취에 대해 아무런 증거가 남지 않으면, 노력을 지속하려는 의지가 약해지고 중도에 흥이 식어

버릴 수 있기 때문이다. 그러므로 물질적 보상도 좋지만, 상장 또는 급수 인증서로 급우들 앞에서 축하해 주는 것도 효과적인 방법이다. 이러한 부류의 증서는 학교에서 '말썽쟁이' '문제아' '건방진 학생' 등 갖가지 부정적인 꼬리표를 달고 있던 학생에게 용기를 준다. 또한 자신을 긍정적으로 바라보게 하여 자신의 강점과 능력을 활용하게 하는 효과를 줄 수 있다.

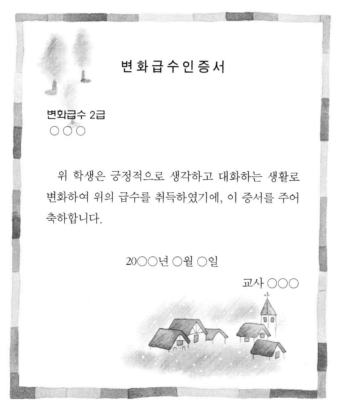

[그림 6-4] 변화급수인증서 예시

REBT 집단상담 프로그램

REBT 집단상담 프로그램은 학생들의 분노조절 능력을 향상시키고, 대처기술을 발달시켜 바람직한 표현력을 길러 줄 수 있다. 반항적인 아동·청소년은 흔히 분노나 적개심을 통제하지 못하여 갑자기 심한 분노를 표출하거나, 공격적 행동을 일삼거나, 물건을 파괴하는 등의 행동을 나타낸다. 따라서 REBT의 원리를 활용한 분노조절 집단상담 프로그램은 반항적 학생들에게 효과적이다. 특히 집단상담은 개인상담에 비해 경제성, 효율성, 공감대 형성, 또래들과 상호작용하면서 바람직한 행동을 습득할 수 있는 모델링 효과 등의 장점이 크다는 점에서 학교장면에 적합하다. 〈표 6-4〉는 REBT의 원리를 활용한 분노조절 집단상담 프로그램의 예시다.

표 6-4. REBT의 원리를 활용한 분노조절 집단상담 프로그램의 예

단계	회기	활동내용	기대효과
도입	1	○ 프로그램 소개, 집단규칙 정하기 ○ 구성원 소개, 별칭 짓기 ○ Ice-breaking 활동	○ 상호 이해 및 고민 공유 ○ 안정감과 안전함을 느끼고 참여하기
전개	2	○ 감정카드로 빙고게임하기 ○ 전지에 자신이 느끼는 감정 표정을 그리고 감정카드 올려 보기	○ 정적/부적 감정의 존재 확인 ○ 자신의 감정 탐색
	3	○ 화날 때의 신체변화에 대해 이야기하기 ○ 화가 났던 상황과 자신의 태도 및 결과에 대해 이야기 나누기	○ 화났을 때의 부정적인 신체변화를 알고, 화를 낸 후 자신과 타인에게 일어난 결과를 차분히 정리하기
실행	4	○ 화날 때 떠오르는 생각 탐색하기 ○ 분노촉발단계 A-B-C 알아보기 ○ 자신의 비합리적 신념 탐색	○ 비합리적 신념으로 인한 분노촉발 과정 이해 및 사고 패턴 탐색
	5	○ 주장적/수동적/공격적 표현 구분 ○ 주장적 행동 역할극	○ 자기주장적 표현을 익혀서 화났을 때 활용할 수 있도록 하기

| | 6 | ❍ 주장적 행동 연습
❍ 화날 때 사용할 전략 수립 연습 | ❍ 화났을 때 자기에게 맞는 대처행
동 실천계획 실천하기 |
| 정리 | 7 | ❍ 가장 많이 공격했던 사람에게 편
지 쓰기
❍ 소감 나누기 | ❍ 다른 사람의 입장을 이해하고 학
습내용을 실제 생활에 활용할 수
있도록 의지와 용기 갖기 |

　분노조절 집단상담 프로그램의 효과가 높음에도 불구하고 반항적인 아동·청소년들은 이 프로그램에 참여하기를 꺼리거나 설령 참여한다고 하더라도 소극적으로 참여할 수 있다. 그러므로 교사는 부모의 협조를 얻어서 학생들의 적극적인 참여를 유도하는 한편, 변화를 위한 동기를 높여 줄 전략을 강구해야 한다. 예를 들어, 집단상담 프로그램을 시작하기 전에 가정통신문을 통해 학부모에게 프로그램을 상세히 소개하는 동시에, 자녀의 참여에 대해 격려와 지지를 아끼지 않을 것을 요청한다.

　그리고 집단상담 프로그램이 시작된 이후, 적어도 일주일에 한 차례는 전화로 학생의 참여 상황을 알리는 한편, 학생의 긍정적 변화 정도를 알림으로써 집단상담에 대한 관심을 높인다. 또한 필요한 경우, 학생에게는 출석에 대한 강화물이나 인센티브를 제공함으로써 중도탈락을 방지하고 참여 동기를 높인다. 그리고 학생들의 흥미를 유발할 수 있는 게임 형식의 활동, 역할극, 영상물, 동영상 제작, 시청각 자료 등을 활용한다.

1회기

　집단상담의 첫 회기는 집단리더가 주도적으로, 다소 지시적인 방법으로 진행한다. 집단리더는 사전에 준비를 철저히 하는 한편, 정해진 시간에 맞추어 집단상담을 진행함으로써 효과를 극대화하고자 노력한다. 글상자 6-23 은 집단상담의 첫 회기에 실시하는 구조화 내용의 예다.

글상자 6-23　집단상담 프로그램 구조화

○ 상담 시간 준수

○ 늦거나 불참할 경우 취해야 할 조처

○ 위급한 상황 시 연락방법

○ 상담실 혹은 집단상담실 이용방법

○ 비밀보장의 한계를 비롯한 집단의 한계

○ 서로의 이야기에 대한 비밀보장을 약속하고 서약서로 남기기

이처럼 집단상담 프로그램을 효과적으로 진행하기 위해서는 프로그램 소개뿐 아니라 상담의 구조화를 통해 구성원들 간에 지켜야 할 규칙을 안내하고 이를 공유하는 것이 중요하다.

2회기

2회기에는 감정 인식의 중요성을 강조하는 한편, 구성원들이 순간순간 자신의 감정을 알아차릴 수 있도록 돕는다. 학생들에게 글상자 6-24 와 같은 감정의 특징에 대해 설명해 준다.

글상자 6-24　감정의 특징

1. 감정은 행동, 사고, 생리적 반응과 서로 영향을 주고받는다.

2. 사람들은 흔히 자신의 감정을 잘 알아차리지 못한다.

3. 감정은 정적 감정과 부적 감정으로 나뉘는데, 특히 부적 감정은 억압되거나 폭발적으로 표출되면 자기 파괴적일 수 있다.

4. 감정은 1차 감정(핵심감정)과 2차 감정(핵심감정으로 인한 감정)으로 나뉜다.

5. 감정은 언어적 행동과 비언어적 행동으로 표현할 수 있다.

6. 행동과 사고에 비해 쉽게 조작·왜곡하기 어렵다는 점에서 흔히 상담의 초점이 된다.

7. 흔히 복합적으로 얽혀 있어서 한 단어로 표현하는 데는 한계가 있다.

8. 감정 표출은 감정정화라는 치료적 효과를 산출한다.

글상자 6-25 에서 글상자 6-32 까지는 분노조절 집단상담 프로그램의 2회기에 참고할 수 있도록 감정을 표현하는 낱말을 8개의 범주로 분류하여 정리한 것이다.

글상자 6-25 기쁨을 표현하는 말

기쁜, (가슴) 뿌듯한, 기분 좋은, 감격스러운, 감동적인, 감사한, 고마운, 고무적인, 낙천적인, 날아갈 듯한, 놀라운, 눈물겨운, 따스한, 든든한, 만족스러운, 멋진, 명랑한, 뭉클한, 반가운, 벅찬, 사랑스러운, 살맛나는, 상큼한, 신나는, 싱그러운, 자랑스러운, 자신 있는, 정다운, 정열적인, 좋은, 짜릿한, 쾌적한, 통쾌한, 편안한, 포근한, 푸근한, 행복한, 환상적인, 황홀한, 후련한, 홀가분한, 흐뭇한, 흔쾌한, 흥분된

글상자 6-26 즐거움을 표현하는 말

가벼운, 가뿐한, 경쾌한, 고요한, 기분 좋은, 담담한, 명랑한, 밝은, 산뜻한, 상쾌한, 상큼한, 숨 가쁜, 신나는, 유쾌한, 당당한, 즐거운, 쾌활한, 편안한, 홀가분한, 확신에 찬, 활기 있는, 활발한, 흐뭇한, 흥분된, 희망찬

글상자 6-27 사랑을 표현하는 말

감미로운, 감사하는, 그리운, 다정한, 따사로운, 묘한, 뿌듯한, 사랑스러운, 상냥한, 순수한, 애틋한, 열렬한, 열망하는, 친숙한, 포근한, 호감이 가는, 화끈거리는, 흡족한

| 글상자 6-28 | 바람을 표현하는 말 |

간절한, 갈망하는, 기대하는, 바라는, 소망하는, 애끓는, 절박한, 초라한, 초조한, 호기심,
후회스러운, 희망하는

| 글상자 6-29 | 슬픔을 표현하는 말 |

가슴 아픈, 가슴이 미어지는, 가슴이 북받치는, 걱정되는, 고단한, 고독한, 고민스러운, 공
포에 질린, 공허한, 괴로운, 구슬픈, 권태로운, 근심되는, 기분 나쁜, 낙담한, 두려운, 마음
이 무거운, 멍한, 불쌍한, 불안한, 불편한, 불행한, 비참한, 비탄하는, 서글픈, 서러운, 섭섭
한, 소외감, 속 썩는, 슬픈, 실망스런, 싫어하는, 쓰라린, 쓸쓸한, 아린, 아쉬운, 안타까운,
암담한, 앞이 깜깜한, 애석한, 애잔한, 애처로운, 애태우는, 애통한, 억울한, 언짢은, 염려
하는, 외로운, 우울한, 울적한, 음울한, 음침한, 의기소침한, 절망적인, 절절한, 좌절하는,
죄책감이 드는, 지루한, 착잡한, 참담한, 창피한, 처량한, 처참한, 측은한, 침울한, 침통한,
한스러운, 허전한, 허탈한, 허한, 황량한, 후회스러운, 희망이 없는

| 글상자 6-30 | 노여움을 표현하는 말 |

가혹한, 골치 아픈, 괘씸한, 기가 막힌, 기만당하는, 기분 상하는, 꼴사나운, 끓어오르는,
나쁜, 노한, 떫은, 모욕적, 무시 받는, 배반감, 복수심, 북받친, 분개한, 분노, 분통 터지는,
불만스러운, 불쾌한, 속상한, 수치스러운, 숨 막히는, 실망한, 쓰라린, 약 오르는, 원망스러
운, 짜증나는, 질투심 나는, 참을 수 없는, 화난

| 글상자 6-31 | 두려움을 표현하는 말 |

걱정스러운, 겁이 나는, 궁지에 몰린, 근심스러운, 기가 죽은, 두려운, 떠밀린, 무서운, 불
안한, 섬뜩한, 소름끼치는, 소심한, 실망한, 절망적인, 주저하는, 초조한, 패배적인

글상자 6-32 | 미움을 표현하는 말

고통스러운, 괴로운, 구역질나는, 귀찮은, 끔찍한, 몸서리치는, 무정한, 미운, 부담스러운, 서운한, 싫은, 싫증나는, 쌀쌀한, 야속한, 얄미운, 억울한, 원망스러운, 증오스러운, 지겨운, 짜증스러운

3회기

사람은 살아가면서 때로 화를 낸다. 누가 마음을 아프게 하거나 자존심을 건드렸을 때, 하고 싶은 일이 뜻대로 되지 않을 때, 오해를 받아 억울할 때 등 분노를 유발하는 상황은 셀 수 없이 많다. 다른 한편으로, 분노는 자신에게 어떤 문제가 생겼고, 그 문제를 해결해야 한다는 신호이기도 하다. 따라서 3회기에 〈표 6-5〉와 같은 행동관찰 체크리스트를 작성하여 분노를 유발하는 상황, 분노의 대상, 감정, 분노 수준 그리고 분노 유발에 따른 행동을 탐색하게 한다. 분노 수준은 0~100까지의 점수로 나타내며, 0은 분노가 전혀 없음, 100은 지금까지 경험한 분노 중 가장 높은 수준을 나타낸다.

표 6-5. 분노유발 상황에서의 행동관찰 체크리스트

나의 경험	화가 난 상황	화난 대상	그때의 느낌	분노 수준	그때 나의 행동
(예)	엄마가 공부하라고 소리쳤다.	엄마	짜증났다.	70	들고 있던 가방을 던졌다.
1					
2					
나에게 일어난 결과					
상대방에게 일어난 결과					

ABC 모형 157

4회기

  4회기에서는 학생들이 직접 경험한 분노상황을 구체적으로 제시하도록 하고, 특히 힘들고 화가 치밀어 오른 상황에 대해 다룬다. 학생의 분노상황을 선행사건, 신념, 결과로 나누어서 생각해 보도록 한다. 그런 다음, 비합리적 신념을 합리적 신념으로 대체하는 활동을 하고 나서, 결과는 어떻게 달라졌는지에 대해 토론한다.

> 글상자 6-33 비합리적 신념에 대한 설명의 예
>
>   "사람들은 흔히 합리적인 방식으로 생각하기도 하고, 비합리적인 방식으로 생각한답니다. 합리적인 생각은 자기가 의도한 것이나 목표한 것을 이룰 수 있도록 돕지만, 비합리적인 생각은 이를 방해하는 생각이기 때문에 분노를 유발시킬 수 있어요. 우리가 자기도 모르게 하고 있는 비합리적인 생각으로는 주로 당위적인 생각, 극단적인 생각, 짐작 또는 추측, 비판 등을 들 수 있어요. 우리가 화가 나는 것은 때로 비합리적인 생각을 하기 때문이랍니다."

  먼저, 집단리더는 글상자 6-33 에 제시된 진술을 토대로 학생들에게 비합리적 신념과 합리적 신념에 대해 설명해 준다. 그런 다음, 학생들이 갖고 있는 비합리적 신념의 예를 제재로 하여 그 생각의 타당성 여부에 대하여 토론해 보도록 한다. 그러고 나서 학생들은 각자 경험했던 분노상황과 그때 떠오른 생각을 각각 한 가지씩 종이에 적는다. 한 사람이 2~3장을 적어도 좋다. 집단리더는 학생들이 작성한 종이를 모두 모으고, 그중에서 합리적·비합리적 신념을 구별하는 게임을 한 후, 비합리적 신념을 합리적으로 고쳐 보는 활동을 진행한다. 글상자 6-34 는 반항적인 아동·청소년들이 흔히 갖고 있는 비합리적 신념의 예다.

반항적인 아동 · 청소년들이 갖기 쉬운 비합리적 신념의 예

○ 저 애는 구제불능이다.

○ 내 친구들은 반드시 내 말을 들어야 한다.

○ 부모님은 절대 다투시면 안 된다.

○ 나는 되는 게 하나도 없다.

○ 선생님은 맨날 나만 갖고 그런다.

○ 부모님/선생님은 분명히 나를 미워할 것이다.

○ 나는 언제나 형편없는 짓만 하고 다닌다.

○ 나를 해치려는 사람은 언제, 어디서나 존재할 것이다.

○ 내 말을 안 들으면 때리는 것은 당연하다.

○ 욕설을 해야만 또래들과 어울릴 수 있다.

○ 왕따 당하는 아이는 그럴 만한 이유가 있다.

○ 인기가 있으려면 문신, 흡연, 음주는 필수다.

○ 내가 순순히 말을 들으면 모두가 나를 우습게 볼 것이다.

○ 나의 불행은 부모님을 비롯한 외부환경 때문이라 어쩔 수 없다.

반항적인 아동 · 청소년들이 흔히 갖기 쉬운 비합리적 신념은 합리적 신념 찾기 게임과 같은 활동을 통해 합리적 신념으로 대체시킬 수 있다. 글상자 6-35 는 합리적 신념 찾기 게임에서 사용되는 자료의 일부다.

글상자 6-35 합리적 신념 찾기 게임

※ 다음 중 합리적 신념에 해당되는 말을 골라보세요.

1. 친구와 놀이공원에 놀러가려고 약속을 했는데, 약속시간이 훨씬 지나도 친구가 나타나지 않는다.

　① 이 친구가 나를 뭐로 보는 거야!

② 무슨 일이 있나? 전화를 해볼까?

③ 전에도 이러더니 역시 이 녀석은 안 돼.

2. 친구가 자꾸 별명을 부르며 나를 놀려서 화가 난다.

① 저 녀석은 정말 나쁘다. 왕따 시켜야겠어.

② 왜 그러는지 물어봐야겠어. 어떤 이유가 있을지도 몰라.

③ 왜 하필 나만 가지고 그래?

집단리더는 학생들에게 일상생활에서 화가 날 만한 상황에서 사람들이 흔히 나타내는 반응 유형에 대하여 글상자 6-36 과 같이 설명하고 5회기에 이를 연습할 것을 예고한다.

글상자 6-36 주장적/소극적/공격적 행동에 대한 설명

"사람들은 화가 날 때, 주장적 행동을 통해 분노의 원인이 되는 문제를 해결하기도 하고, 비주장적 행동으로 분노를 억제하거나 문제해결을 회피하기도 해요. 주장적 행동이란 상대방을 불쾌하게 하지 않으면서 자신의 권리를 당당히 내세우고 자신의 생각을 솔직하게 나타내는 것을 의미한답니다. 반면, 비주장적 행동은 자신의 생각을 솔직히 말하고 싶어도 눈치나 체면 때문에 하지 못하는 것이에요. 비주장적 행동은 소극적 행동과 공격적 행동, 두 가지로 나눌 수 있어요. 소극적 행동은 화가 날 때 아무렇지 않은 척 하거나 겸손한 체 하는 것을 말하고, 공격적 행동은 다른 사람의 입장을 고려하지 않고 괴롭히기까지 하면서 자기 생각만을 내세우는 것을 말합니다."

5회기

5회기는 4회기에 다루었던 주장적 행동, 소극적 행동, 공격적 행동에 대한 복습과 이 세 가지 행동을 구별해 보는 연습으로 시작한다. 그런 다음, 지난 한 주 동안에 겪었던 학생들의 각자 경험을 이야기하고, 그중에

서 적합한 한두 가지 사건을 골라 직접 대본을 만들어 주장적 표현을 연습해 본다. 글상자 6-37 은 주장적 행동과 비주장적 행동을 대비시켜 학생들이 그 차이점을 구분할 수 있게 한 것이다.

글상자 6-37 주장적 행동 구분능력 향상을 위한 활동지의 일부

※ 다음의 행동이 주장적 행동이면 '주', 소극적 행동이면 '소', 공격적 행동이면 '공'이라고 쓰세요.

1. 집 앞 놀이터에서 동네 아이들이 너무 시끄럽게 떠든다. (밖에 나가 큰 소리로) "야! 조용히 해. 떠들려면 너희 집에 가서 떠들어!"

2. 친구들끼리 모여 놀기로 했는데 한 친구가 오지 않았다. 기다리다가 전화를 걸어 "네가 온다고 하고서 오지 않아 기다리고 있어. 무슨 일 있어?"

3. 놀이기구를 타려고 줄 서서 기다리는데 어떤 아줌마가 아이와 같이 새치기를 한다. "저는 처음부터 여기서 기다렸어요. 뒤로 좀 가 주셨으면 합니다."

4. 짝이 매일 내가 주변을 지저분하게 한다고 불평을 한다. "네가 지저분하게 하는 것도 있거든. 나도 너랑 앉는 거 싫거든."

5. 이웃집 형이 자신의 게임 레벨을 높여 달라고 사정한다. 정말 하고 싶지 않지만, "내가 잘할 수 있을지 모르겠지만 해 볼게."

학생들은 주장적 행동과 비주장적 행동을 구분해 보는 활동을 통해 폭발적인 분노 또는 공격적 행동을 하지 않아도 자기 생각을 충분히 표현할 수 있다는 사실을 알게 된다. 또한 화가 날 때는 우선 마음을 가라앉히고 합리적인 생각을 해야 주장적 행동을 할 수 있다는 사실을 직접 체득하게 된다. 5회기에는 역할극을 비롯한 다양한 훈련을 반복함으로써 학생들이 일상생활에서 주장적 행동을 실천할 수 있도록 돕는다.

6회기

6회기에서는 분노가 일어날 수 있는 상황에서 소극적 행동이나 공격적 행동이 아닌, 주장적 행동을 실천하여 분노의 원인이 되는 문제를 해결하는 연습을 한다. 주장적 행동은 상대방의 권리를 침해하거나, 상대방을 불쾌하게 하지 않으면서 자신의 생각이나 감정, 욕구 등을 솔직하게 잘 표현하는 것이다. 글상자 6-38 에 제시된 장면들을 참고하여 주장적 행동을 연습하고, 서로의 생각과 느낌을 교환한다. 또한 실제로 자신을 화나게 하는 장면에 대한 주장적 행동 전략을 수립한 후, 집단원들끼리 피드백을 통해 성공적인 전략이 될 수 있도록 돕는다.

글상자 6-38 | 주장적 행동 연습 장면의 예

1. 어머니께 용돈을 더 달라고 하니 화를 버럭 내신다.
2. 피곤해서 잠시 쉬고 있는데 아버지께서 아무 일 없이 왜 멍하니 있냐고 뜬금없이 잔소리를 하신다.
3. 전에 빌려간 돈도 아직 갚지 않은 친구가 또 돈을 빌려 달라고 한다.
4. 아침에 겨우 5분 늦게 등교했는데 벌칙으로 교실청소를 해야 한다고 한다.
5. 옆에 앉은 짝이 자꾸 주위를 지저분하게 만든다.
6. 누군가가 내 사물함의 열쇠를 따서 공책을 찢어 놓았다.
7. 힘센 친구가 내 연필을 훔쳐 가서는 자신의 것이라고 우긴다.

7회기

7회기에서는 그동안 배운 내용을 정리하고 집단상담을 통해서 새롭게 알게 된 점, 느낀 점 등을 서로 이야기한다. 자신이 가장 많이 공격적으로 대했던 사람에게 편지를 쓰거나, 자기 자신에게 편지를 쓰는 활동을 통해 집단에서 배운 내용을 실생활에서 실천하려는 의지와 용기를 갖는다.

부록

내 안에 숨은 강점 찾기
(아동용)

- 만 10세 이하이면 어른이 읽어 주시고, 그 이상일 때는 학생이 직접 작성하도록 하세요.
- 문항을 읽고 자신과 가장 가까운 번호에 체크하세요.
- 두 문항의 합한 점수를 아래의 점수란에 적으세요.

1. 호기심 · 흥미

1-1. 혼자 있을 때도 전혀 심심하지 않다.

1	2	3	4	5
나와 매우 다르다	나와 다르다	보통이다	나와 비슷하다	나와 매우 비슷하다

1-2. 알고 싶은 것이 있을 때는, 대부분의 내 또래 아이들보다 책이나 컴퓨터를 더 열심히 찾아본다.

1	2	3	4	5
나와 매우 다르다	나와 다르다	보통이다	나와 비슷하다	나와 매우 비슷하다

(점수:)

2. 학구열

2-1. 새로운 것을 배우면 무척 기쁘다.

1	2	3	4	5
나와 매우 다르다	나와 다르다	보통이다	나와 비슷하다	나와 매우 비슷하다

2-2. 박물관에 가는 게 정말 싫다.

1	2	3	4	5
나와 매우 다르다	나와 다르다	보통이다	나와 비슷하다	나와 매우 비슷하다

(점수:)

3. 판단력 · 비판적 사고력 · 개방적 사고방식

3-1. 친구들과 게임이나 놀이를 하는 도중에 문제가 생기면 그 원인을 금방 알아낸다.

1	2	3	4	5
나와 매우 다르다	나와 다르다	보통이다	나와 비슷하다	나와 매우 비슷하다

3-2. 부모님은 언제나 내 판단이 틀렸다고 지적하신다.

1	2	3	4	5
나와 매우 비슷하다	나와 비슷하다	보통이다	나와 다르다	나와 매우 다르다

(점수:)

4. 창의성 · 기발한 재주 · 독창성

4-1. 언제나 재미있는 새로운 아이디어를 제안한다.

1	2	3	4	5
나와 매우 다르다	나와 다르다	보통이다	나와 비슷하다	나와 매우 비슷하다

4-2. 내 또래 아이들보다 상상력이 훨씬 더 뛰어나다.

1	2	3	4	5
나와 매우 다르다	나와 다르다	보통이다	나와 비슷하다	나와 매우 비슷하다

(점수:)

5. 사회성 지능

5-1. 어떤 단체에 가입해도 그 회원들과 잘 어울린다.

1	2	3	4	5
나와 매우 다르다	나와 다르다	보통이다	나와 비슷하다	나와 매우 비슷하다

5-2. 즐거울 때든 슬플 때든 화날 때든, 항상 그 이유를 알고 있다.

1	2	3	4	5
나와 매우 다르다	나와 다르다	보통이다	나와 비슷하다	나와 매우 비슷하다

(점수:)

6. 균형감(지혜)

6-1. 어른들은 내가 나이에 비해 아주 어른스럽다고 말씀하신다.

1	2	3	4	5
나와 매우 다르다	나와 다르다	보통이다	나와 비슷하다	나와 매우 비슷하다

6-2. 사람이 살아가는 데 정말로 중요한 것이 무엇인지 알고 있다.

1	2	3	4	5
나와 매우 다르다	나와 다르다	보통이다	나와 비슷하다	나와 매우 비슷하다

(점수:)

7. 용맹 · 용기

7-1. 아무리 두려워도 내가 한 말을 끝까지 지킨다.

1	2	3	4	5
나와 매우 다르다	나와 다르다	보통이다	나와 비슷하다	나와 매우 비슷하다

7-2. 설령 놀림감이 되더라도 옳다고 생각한 대로 한다.

1	2	3	4	5
나와 매우 다르다	나와 다르다	보통이다	나와 비슷하다	나와 매우 비슷하다

(점수:)

8. 근면 · 성실 · 끈기

8-1. 부모님은 언제나 내가 끝까지 잘했다고 칭찬하신다.

1	2	3	4	5
나와 매우 다르다	나와 다르다	보통이다	나와 비슷하다	나와 매우 비슷하다

8-2. 목표를 이룩한 것은 내가 열심히 했기 때문이다.

1	2	3	4	5
나와 매우 다르다	나와 다르다	보통이다	나와 비슷하다	나와 매우 비슷하다

(점수:)

9. 정직 · 진정성 · 진솔성

9-1. 다른 사람의 일기나 편지는 절대로 훔쳐보지 않는다.

1	2	3	4	5
나와 매우 다르다	나와 다르다	보통이다	나와 비슷하다	나와 매우 비슷하다

9-2. 곤경에서 빠져나올 수 있다면 거짓말이라도 할 것이다.

1	2	3	4	5
나와 매우 비슷하다	나와 비슷하다	보통이다	나와 다르다	나와 매우 다르다

(점수:)

10. 친절 · 자비

10-1. 새로 전학 온 친구에게 잘해 주려고 노력한다.

1	2	3	4	5
나와 매우 다르다	나와 다르다	보통이다	나와 비슷하다	나와 매우 비슷하다

10-2. 부탁을 받지 않고도 자진해서 이웃이나 부모님을 도와드린 적이 있다.

1	2	3	4	5
나와 매우 다르다	나와 다르다	보통이다	나와 비슷하다	나와 매우 비슷하다

(점수:)

11. 사랑할 수 있고 받을 수 있는 능력

11-1. 내가 누군가의 삶에서 가장 중요한 사람이라는 것을 알고 있다.

1	2	3	4	5
나와 매우 다르다	나와 다르다	보통이다	나와 비슷하다	나와 매우 비슷하다

11-2. 형이나 누나, 사촌 형제와 심하게 싸우더라도, 나는 여전히 그들을 진심으로 사랑한다.

1	2	3	4	5
나와 매우 다르다	나와 다르다	보통이다	나와 비슷하다	나와 매우 비슷하다

(점수:)

12. 시민의식 · 팀워크 · 충실성

12-1. 동아리 활동이나 방과 후 활동을 하는 것이 정말 즐겁다.

1	2	3	4	5
나와 매우 다르다	나와 다르다	보통이다	나와 비슷하다	나와 매우 비슷하다

12-2. 학교에서 실시하는 단체 활동을 정말 잘할 수 있다.

1	2	3	4	5
나와 매우 다르다	나와 다르다	보통이다	나와 비슷하다	나와 매우 비슷하다

(점수:)

13. 공정성 · 동등성 · 정의

13-1. 설령 내가 싫어하는 사람이라도 그 사람을 공정하게 대한다.

1	2	3	4	5
나와 매우 다르다	나와 다르다	보통이다	나와 비슷하다	나와 매우 비슷하다

13-2. 나는 잘못하면 언제나 그 사실을 시인한다.

1	2	3	4	5
나와 매우 다르다	나와 다르다	보통이다	나와 비슷하다	나와 매우 비슷하다

(점수:)

14. 리더십

14-1. 다른 아이들과 게임이나 운동을 할 때면, 아이들은 언제나 내가 주장이 되기를 바란다.

1	2	3	4	5
나와 매우 다르다	나와 다르다	보통이다	나와 비슷하다	나와 매우 비슷하다

14-2. 친구들이나 우리 팀에 속한 아이들은 나를 주장으로서 신뢰하고 존경했다.

1	2	3	4	5
나와 매우 다르다	나와 다르다	보통이다	나와 비슷하다	나와 매우 비슷하다

(점수:)

15. 자기통제 · 자기조절

15-1. 필요하다면 비디오게임이나 텔레비전 시청을 당장에 그만둘 수 있다.

1	2	3	4	5
나와 매우 다르다	나와 다르다	보통이다	나와 비슷하다	나와 매우 비슷하다

15-2. 항상 일을 늦게 한다.

1	2	3	4	5
나와 매우 비슷하다	나와 비슷하다	보통이다	나와 다르다	나와 매우 다르다

(점수:)

16. 신중 · 사려분별 · 재량

16-1. 나를 위험에 빠뜨릴 것 같은 상황이나 친구들은 피한다.

1	2	3	4	5
나와 매우 다르다	나와 다르다	보통이다	나와 비슷하다	나와 매우 비슷하다

16-2. 어른들은 내가 말이나 행동을 할 때 현명하게 선택한다고 말씀 하신다.

1	2	3	4	5
나와 매우 다르다	나와 다르다	보통이다	나와 비슷하다	나와 매우 비슷하다

(점수:)

17. 절제 · 겸손

17-1. 내가 말하기보다는 다른 사람들에게 말할 기회를 더 많이 준다.

1	2	3	4	5
나와 매우 다르다	나와 다르다	보통이다	나와 비슷하다	나와 매우 비슷하다

17-2. 사람들은 나에게 잘난 척한다고 말한다.

1	2	3	4	5
나와 매우 비슷하다	나와 비슷하다	보통이다	나와 다르다	나와 매우 다르다

(점수:)

18. 심미안 · 수월성

18-1. 대부분의 내 또래보다 음악이나 영화 감상, 춤추기를 훨씬 더 좋아한다.

1	2	3	4	5
나와 매우 다르다	나와 다르다	보통이다	나와 비슷하다	나와 매우 비슷하다

18-2. 가을에 나뭇잎 색깔이 변해 가는 모습을 보는 게 기쁘다.

1	2	3	4	5
나와 매우 다르다	나와 다르다	보통이다	나와 비슷하다	나와 매우 비슷하다

(점수:)

19. 감사

19-1. 내 생활을 생각할 때 고마워할 것이 많다.

1	2	3	4	5
나와 매우 다르다	나와 다르다	보통이다	나와 비슷하다	나와 매우 비슷하다

19-2. 선생님께서 나를 도와주실 때 "고맙습니다."라고 말하는 것을 잊어버린다.

1	2	3	4	5
나와 매우 비슷하다	나와 비슷하다	보통이다	나와 다르다	나와 매우 다르다

(점수:)

20. 희망·낙천성·미래지향적 사고방식

20-1. 학교 성적이 나쁘게 나오면, 항상 다음에는 더 잘 나올 것이라고 생각한다.

1	2	3	4	5
나와 매우 다르다	나와 다르다	보통이다	나와 비슷하다	나와 매우 비슷하다

20-2. 이 다음에 아주 행복한 어른이 될 것 같다.

1	2	3	4	5
나와 매우 다르다	나와 다르다	보통이다	나와 비슷하다	나와 매우 비슷하다

(점수:)

21. 영성·목적의식·믿음

21-1. 사람은 저마다 특별한 존재이며 중요한 삶의 목적이 있다고 믿는다.

1	2	3	4	5
나와 매우 다르다	나와 다르다	보통이다	나와 비슷하다	나와 매우 비슷하다

21-2. 불행한 일이 생기면 신앙심으로 극복할 수 있다.

1	2	3	4	5
나와 매우 다르다	나와 다르다	보통이다	나와 비슷하다	나와 매우 비슷하다

(점수:)

22. 용서 · 자비

22-1. 누군가 내 기분을 상하게 하더라도, 절대로 그 사람에게 앙갚음 하려고 하지 않는다.

1	2	3	4	5
나와 매우 다르다	나와 다르다	보통이다	나와 비슷하다	나와 매우 비슷하다

22-2. 사람들이 잘못했을 때 용서한다.

1	2	3	4	5
나와 매우 다르다	나와 다르다	보통이다	나와 비슷하다	나와 매우 비슷하다

(점수:)

23. 유머 · 유희

23-1. 아이들은 대부분 나랑 같이 놀 때 정말 재미있어 한다.

1	2	3	4	5
나와 매우 다르다	나와 다르다	보통이다	나와 비슷하다	나와 매우 비슷하다

23-2. 친구가 우울해 보이거나 내 기분이 좋지 않을 때, 더 즐거운 분위기를 만들려고 일부러 재미있는 행동을 하거나 우스갯소리를 한다.

1	2	3	4	5
나와 매우 다르다	나와 다르다	보통이다	나와 비슷하다	나와 매우 비슷하다

(점수:)

24. 열의 · 열정 · 활력

24-1. 내 삶을 사랑한다.

1	2	3	4	5
나와 매우 다르다	나와 다르다	보통이다	나와 비슷하다	나와 매우 비슷하다

24-2. 아침에 눈을 뜰 때마다 새로운 하루를 시작한다고 생각하면 흥분된다.

1	2	3	4	5
나와 매우 다르다	나와 다르다	보통이다	나와 비슷하다	나와 매우 비슷하다

(점수:)

＊ 이제 여러분은 자신의 24가지 강점의 점수를 매겼을 겁니다.

＊ 다음 표에 강점들의 점수를 쓴 다음, 순위를 매겨 보세요.

강점	점수	순위
1. 호기심 · 흥미		
2. 학구열		
3. 판단력 · 비판적 사고력 · 개방적 사고방식		
4. 창의성 · 기발한 재주 · 독창성		
5. 사회성 지능		
6. 균형감(지혜)		
7. 용맹 · 용기		
8. 근면 · 성실 · 끈기		
9. 정직 · 진정성 · 진솔성		
10. 친절 · 자비		
11. 사랑할 수 있고 받을 수 있는 능력		
12. 시민의식 · 팀워크 · 충실성		

13. 공정성 · 동등성 · 정의		
14. 리더십		
15. 자기통제 · 자기조절		
16. 신중 · 사려분별 · 재량		
17. 절제 · 겸손		
18. 심미안 · 수월성		
19. 감사		
20. 희망 · 낙천성 · 미래지향적 사고방식		
21. 영성 · 목적의식 · 믿음		
22. 용서 · 자비		
23. 유머 · 유희		
24. 열의 · 열정 · 활력		

결과 해석

* 대체로 9~10점을 받은 강점이 여러분의 최고 강점입니다.

* 4~6점 정도의 낮은 점수는 여러분의 약점에 속합니다.

내 안에 숨은 강점 찾기
(청소년/성인용)

이 름: (   )

* 문항을 읽고 자신과 가장 가까운 번호에 체크하세요.
* 두 문항의 합한 점수를 아래의 점수란에 적으세요.

1. 호기심 · 흥미

1-1. 언제나 세상에 대해 호기심이 많다.

1	2	3	4	5
나와 매우 다르다	나와 다르다	보통이다	나와 비슷하다	나와 매우 비슷하다

1-2. 쉽게 싫증을 낸다.

1	2	3	4	5
나와 매우 비슷하다	나와 비슷하다	보통이다	나와 다르다	나와 매우 다르다

(점수:)

2. 학구열

2-1. 새로운 것을 배울 때 전율을 느낀다.

1	2	3	4	5
나와 매우 다르다	나와 다르다	보통이다	나와 비슷하다	나와 매우 비슷하다

2-2. 박물관이나 다른 교육적 장소에 한 번도 가본 적이 없다.

1	2	3	4	5
나와 매우 비슷하다	나와 비슷하다	보통이다	나와 다르다	나와 매우 다르다

(점수:)

3. 판단력 · 비판적 사고력 · 개방적 사고방식

3-1. 판단력이 필요한 주제가 있을 때면 매우 이성적으로 사고한다.

1	2	3	4	5
나와 매우 다르다	나와 다르다	보통이다	나와 비슷하다	나와 매우 비슷하다

3-2. 성급하게 판단하는 경향이 있다.

1	2	3	4	5
나와 매우 비슷하다	나와 비슷하다	보통이다	나와 다르다	나와 매우 다르다

(점수:)

4. 창의성 · 기발한 재주 · 독창성

4-1. 어떤 일을 하는 데 필요한 새로운 방법을 찾는 걸 좋아한다.

1	2	3	4	5
나와 매우 다르다	나와 다르다	보통이다	나와 비슷하다	나와 매우 비슷하다

4-2. 내 친구들은 대부분 나보다 상상력이 뛰어나다.

1	2	3	4	5
나와 매우 비슷하다	나와 비슷하다	보통이다	나와 다르다	나와 매우 다르다

(점수:)

5. 사회성 지능

5-1. 어떤 성격의 단체에 가도 잘 적응할 수 있다.

1	2	3	4	5
나와 매우 다르다	나와 다르다	보통이다	나와 비슷하다	나와 매우 비슷하다

5-2. 다른 사람들의 감정에 아주 둔하다.

1	2	3	4	5
나와 매우 비슷하다	나와 비슷하다	보통이다	나와 다르다	나와 매우 다르다

(점수:)

6. 균형감(지혜)

6-1. 항상 꼼꼼히 생각하고 더 큰 것을 볼 줄 안다.

1	2	3	4	5
나와 매우 다르다	나와 다르다	보통이다	나와 비슷하다	나와 매우 비슷하다

6-2. 내게 조언을 구하러 오는 사람은 거의 없다.

1	2	3	4	5
나와 매우 비슷하다	나와 비슷하다	보통이다	나와 다르다	나와 매우 다르다

(점수:)

7. 용맹·용기

7-1. 강력한 반대도 무릅쓰고 내 주장을 고수할 때가 많다.

1	2	3	4	5
나와 매우 다르다	나와 다르다	보통이다	나와 비슷하다	나와 매우 비슷하다

7-2. 고통과 좌절 때문에 내 의지를 굽힐 때가 많다.

1	2	3	4	5
나와 매우 비슷하다	나와 비슷하다	보통이다	나와 다르다	나와 매우 다르다

(점수:)

8. 근면 · 성실 · 끈기

8-1. 한번 시작한 일을 끝까지 해낸다.

1	2	3	4	5
나와 매우 다르다	나와 다르다	보통이다	나와 비슷하다	나와 매우 비슷하다

8-2. 일을 할 때면 딴전을 피운다.

1	2	3	4	5
나와 매우 비슷하다	나와 비슷하다	보통이다	나와 다르다	나와 매우 다르다

(점수:　　　　　)

9. 정직 · 진정성 · 진솔성

9-1. 약속을 반드시 지킨다.

1	2	3	4	5
나와 매우 다르다	나와 다르다	보통이다	나와 비슷하다	나와 매우 비슷하다

9-2. 친구들은 내게 솔직하게 말하는 법이 없다.

1	2	3	4	5
나와 매우 비슷하다	나와 비슷하다	보통이다	나와 다르다	나와 매우 다르다

(점수:　　　　　)

10. 친절 · 자비

10-1. 자발적으로 이웃을 도와준다.

1	2	3	4	5
나와 매우 다르다	나와 다르다	보통이다	나와 비슷하다	나와 매우 비슷하다

10-2. 다른 사람들의 행운을 내 일처럼 좋아한 적이 거의 없다.

1	2	3	4	5
나와 매우 비슷하다	나와 비슷하다	보통이다	나와 다르다	나와 매우 다르다

(점수:)

11. 사랑할 수 있고 받을 수 있는 능력

11-1. 본인의 기분과 행복 못지않게 내 기분과 행복에 관심을 기울이는 사람이 있다.

1	2	3	4	5
나와 매우 다르다	나와 다르다	보통이다	나와 비슷하다	나와 매우 비슷하다

11-2. 다른 사람들이 베푸는 사랑을 제대로 받아들이지 못한다.

1	2	3	4	5
나와 매우 비슷하다	나와 비슷하다	보통이다	나와 다르다	나와 매우 다르다

(점수:)

12. 시민의식 · 팀워크 · 충실성

12-1. 어떤 단체에 가입하면 최선을 다한다.

1	2	3	4	5
나와 매우 다르다	나와 다르다	보통이다	나와 비슷하다	나와 매우 비슷하다

12-2. 소수 집단의 이익을 위해 개인적인 이익을 희생시킬 생각은 없다.

1	2	3	4	5
나와 매우 비슷하다	나와 비슷하다	보통이다	나와 다르다	나와 매우 다르다

(점수:)

13. 공정성 · 동등성 · 정의

13-1. 어떤 사람에게든 똑같이 대한다.

1	2	3	4	5
나와 매우 다르다	나와 다르다	보통이다	나와 비슷하다	나와 매우 비슷하다

13-2. 내가 싫어하는 사람을 공정하게 대하기가 힘들다.

1	2	3	4	5
나와 매우 비슷하다	나와 비슷하다	보통이다	나와 다르다	나와 매우 다르다

(점수:)

14. 리더십

14-1. 일일이 참견하지 않고도 사람들이 단합해 일하도록 이끌어 준다.

1	2	3	4	5
나와 매우 다르다	나와 다르다	보통이다	나와 비슷하다	나와 매우 비슷하다

14-2. 단체 활동을 조직하는 데는 소질이 없다.

1	2	3	4	5
나와 매우 비슷하다	나와 비슷하다	보통이다	나와 다르다	나와 매우 다르다

(점수:　　　　　)

15. 자기통제 · 자기조절

15-1. 내 정서를 다스릴 줄 안다.

1	2	3	4	5
나와 매우 다르다	나와 다르다	보통이다	나와 비슷하다	나와 매우 비슷하다

15-2. 다이어트를 오래 하지 못한다.

1	2	3	4	5
나와 매우 비슷하다	나와 비슷하다	보통이다	나와 다르다	나와 매우 다르다

(점수:　　　　　)

16. 신중·사려분별·재량

16-1. 다칠 위험이 있는 일은 하지 않는다.

1	2	3	4	5
나와 매우 다르다	나와 다르다	보통이다	나와 비슷하다	나와 매우 비슷하다

16-2. 나쁜 친구를 사귀거나 나쁜 사람들을 만나는 경우가 있다.

1	2	3	4	5
나와 매우 비슷하다	나와 비슷하다	보통이다	나와 다르다	나와 매우 다르다

(점수:)

17. 절제·겸손

17-1. 다른 사람들이 나를 칭찬할 때면 슬그머니 화제를 돌린다.

1	2	3	4	5
나와 매우 다르다	나와 다르다	보통이다	나와 비슷하다	나와 매우 비슷하다

17-2. 스스로 한 일을 치켜세우는 편이다.

1	2	3	4	5
나와 매우 비슷하다	나와 비슷하다	보통이다	나와 다르다	나와 매우 다르다

(점수:)

18. 심미안 · 수월성

18-1. 음악, 미술, 연극, 영화, 스포츠, 과학, 수학의 아름다움과 경이
로움을 보고 전율한 적이 있다.

1	2	3	4	5
나와 매우 다르다	나와 다르다	보통이다	나와 비슷하다	나와 매우 비슷하다

18-2. 평소에 아름다움과는 전혀 무관하게 지낸다.

1	2	3	4	5
나와 매우 비슷하다	나와 비슷하다	보통이다	나와 다르다	나와 매우 다르다

(점수:)

19. 감사

19-1. 아무리 하찮은 일이라도 항상 고맙다고 말한다.

1	2	3	4	5
나와 매우 다르다	나와 다르다	보통이다	나와 비슷하다	나와 매우 비슷하다

19-2. 내가 받은 은혜에 대해 거의 생각하지 않는다.

1	2	3	4	5
나와 매우 비슷하다	나와 비슷하다	보통이다	나와 다르다	나와 매우 다르다

(점수:)

20. 희망 · 낙천성 · 미래지향적 사고방식

20-1. 항상 긍정적인 면만 본다.

1	2	3	4	5
나와 매우 다르다	나와 다르다	보통이다	나와 비슷하다	나와 매우 비슷하다

20-2. 내가 하고 싶은 일을 하기 위해 철저하게 계획한 적이 거의 없다.

1	2	3	4	5
나와 매우 비슷하다	나와 비슷하다	보통이다	나와 다르다	나와 매우 다르다

(점수:)

21. 영성 · 목적의식 · 믿음

21-1. 삶의 목적이 뚜렷하다.

1	2	3	4	5
나와 매우 다르다	나와 다르다	보통이다	나와 비슷하다	나와 매우 비슷하다

21-2. 사명감이 없다.

1	2	3	4	5
나와 매우 비슷하다	나와 비슷하다	보통이다	나와 다르다	나와 매우 다르다

(점수:)

22. 용서 · 자비

22-1. 과거의 것을 문제 삼지 않는다.

1	2	3	4	5
나와 매우 다르다	나와 다르다	보통이다	나와 비슷하다	나와 매우 비슷하다

22-2. 기어코 복수하려고 애쓴다.

1	2	3	4	5
나와 매우 비슷하다	나와 비슷하다	보통이다	나와 다르다	나와 매우 다르다

(점수:)

23. 유머 · 유희

23-1. 되도록 일과 놀이를 잘 배합한다.

1	2	3	4	5
나와 매우 다르다	나와 다르다	보통이다	나와 비슷하다	나와 매우 비슷하다

23-2. 우스갯소리를 거의 할 줄 모른다.

1	2	3	4	5
나와 매우 비슷하다	나와 비슷하다	보통이다	나와 다르다	나와 매우 다르다

(점수:)

24. 열의 · 열정 · 활력

24-1. 무슨 일을 하든 전력투구한다.

1	2	3	4	5
나와 매우 다르다	나와 다르다	보통이다	나와 비슷하다	나와 매우 비슷하다

24-2. 의기소침할 때가 많다.

1	2	3	4	5
나와 매우 비슷하다	나와 비슷하다	보통이다	나와 다르다	나와 매우 다르다

(점수:)

* 이제 여러분은 자신의 24가지 강점의 점수를 매겼을 겁니다.

* 다음 표에 강점들의 점수를 쓴 다음 순위를 매겨 보세요.

강점	점수	순위
1. 호기심 · 흥미		
2. 학구열		
3. 판단력 · 비판적 사고력 · 개방적 사고방식		
4. 창의성 · 기발한 재주 · 독창성		
5. 사회성 지능		
6. 균형감(지혜)		
7. 용맹 · 용기		
8. 근면 · 성실 · 끈기		
9. 정직 · 진정성 · 진솔성		
10. 친절 · 자비		
11. 사랑할 수 있고 받을 수 있는 능력		
12. 시민의식 · 팀워크 · 충실성		
13. 공정성 · 동등성 · 정의		

14. 리더십		
15. 자기통제 · 자기조절		
16. 신중 · 사려분별 · 재량		
17. 절제 · 겸손		
18. 심미안 · 수월성		
19. 감사		
20. 희망 · 낙천성 · 미래지향적 사고방식		
21. 영성 · 목적의식 · 믿음		
22. 용서 · 자비		
23. 유머 · 유희		
24. 열의 · 열정 · 활력		

결과 해석

* 대체로 9~10점을 받은 강점이 여러분의 최고 강점입니다.

* 4~6점 정도의 낮은 점수는 여러분의 약점에 속합니다.

부모교육 프로그램 예시

회기	주제	교육목표	교육내용	교육방법
1	오리엔테이션, 자녀의 반항성 탐색	○ 프로그램 소개 ○ 반항성 이해 ○ 부모로서의 나를 생각하기	○ 교사 및 부모 간의 라포 형성 ○ 자녀의 반항적인 행동 관찰 ○ 부모의 언어 · 행동 유형과 자녀의 반항성 관계 탐색	강의 토론
2	반항적인 행동에 대한 이해	○ 반항적인 행동의 원인 및 부모역할 이해	○ 자녀의 반항적인 행동 이면의 정서 이해하기 ○ 모델로서의 부모역할 인식하기	강의 토론
3	반항성 감소를 위한 양육 방법 이해 및 훈련	○ 반항성 감소를 위한 자녀양육 기술 훈련	○ 감정완화, 이완훈련 ○ 대화를 통한 문제해결력 습득 ○ 공격성을 줄이는 환경조성	강의 역할극
4		○ 반항성 감소를 위한 한계설정 훈련	○ 한계의 필요성 이해 ○ 한계설정 방법 훈련	강의 토론
5	돌아보기	○ 전체 복습 및 격려	○ 편지 쓰기 ○ 수료증 수여	실습

1회기: 반항성 알아보기

주제		활동내용	준비물
도입	오리엔테이션	○ 교사, 부모님 소개하기 ○ 프로그램에 대한 안내, 준수사항 설명하기 ○ 본 회기의 목표 설정하기	이름표, 간단한 설명서
강의 · 토론	반항성 이해	○ 반항적인 행동의 종류와 사례 알기 ○ 내 자녀의 반항성 확인하기	3장 참고

실습 · 토론	부모로서의 나를 생각해 보기	❍ 자녀의 반항성과 부모의 언어 · 행동 유형의 관련성 생각해 보기 ❍ 권위적/허용적/방임적/거부적 부모 양육 방식에 따른 자녀의 반항성 차이 알기 ❍ 부모의 언어유형 확인 및 토론	2장 참고, 언어유형 확인 질문지, 필기구
마무리	돌아보기 · 내다보기	❍ 본 회기에서 기억에 남는 내용, 소감 나누기, 질문 받기 ❍ 과제: 생활 속에서 자신의 언어유형 점검하기	

언어유형 확인 질문지

※ 문항을 읽고 각 상황에서 여러분은 자녀에게 어떻게 말하는지, 만약 그런 상황이 없었다면 그런 상황이 생길 때 어떻게 말할 것인지 답하시오.

1. 학교 갈 시간이 임박해서 "나 학교 가기 싫어. 안 갈래."라고 한다면, 어떻게 말하시겠습니까?

2. 담임교사로부터 자녀가 다른 사람의 물건을 훔친 것이 확실하다는 것을 들었다면, 자녀에게 어떻게 말하시겠습니까?

3. 기대했던 여행이나 방문과 같은 일정이 변경되었을 경우 자녀가 울고 화를 낸다면, 자녀에게 어떻게 말하시겠습니까?

4. 부모가 외출한 동안에 자녀가 컴퓨터 사용에 관한 약속을 어기고 게임을 했는데 안 했다고 한다면, 자녀에게 어떻게 말하시겠습니까?

5. 자녀가 다른 사람을 때려서 병원진단이 나왔다면, 자녀에게 어떻게 말하시겠습니까?

2회기: 반항행동의 이해 및 대처훈련

주제		활동내용	준비물
도입	인사	❍ 과제 이행 여부 확인 및 한 주간 자녀와의 관계에 대하여 이야기 나누기 ❍ 본 회기의 내용 간단히 소개	이름표

	반항성의 원인과 결과에 대한 이해	○ 반항적 행동의 원인에 대하여 이해하기 – 생물학적 원인, 가정환경적 원인, 부모 관련 원인, 사회문화적 원인, 생물환경적 원인 등 ○ 반항적인 행동의 결과에 대하여 인지하기	2장, 5장 참고
강의 및 토론	반항적인 행동 이면의 정서 알아차리기	○ 자녀의 반항적인 행동의 예를 들고, 그 행동 이면의 정서에 대하여 생각하고 토론하기 – 반항적인 자녀는 대부분 높은 좌절감과 낮은 자존감을 가진 존재임 – 반항적인 행동 이면의 목표는 관심 끌기, 힘겨루기, 보복하기, 무능함 보이기 등이 있음	시청각 매체, 부모교육자료
	반항적인 자녀에 대한 모델링 인식	○ 반항적인 행동에 대한 부모 관련 원인을 생각하며 부모의 모델링 효과를 인식하기 – 부모의 감정조절 능력은 자녀에게 중요한 모델링이 됨 ○ 자녀에 대한 격려, 이해, 상호존중의 중요성 강조	4장 참고
마무리	돌아보기 및 내다보기	○ 본 회기에서 기억에 남는 내용과 느낌 나누기, 질문 받기 ○ 과제: 자녀에게 바람직한 감정조절의 모습 보여 주기	–

3회기: 자녀양육 기술 훈련

주제		활동내용	준비물
도입	인사	○ 과제 이행 여부 확인 및 한 주 소감 나누기 ○ 본 회기의 내용 간단히 소개	이름표
역할극	감정완화, 이완훈련	○ 자녀의 반항적인 행동으로 인해 화가 났던 상황을 떠올린 후 감정을 가라앉히고 이완하는 훈련하기 – 부모의 체벌이나 분노 표출은 자녀의 반항성을 더욱 증가시킴 – 화난 상태에서는 부모 스스로 감정완화의 시간이 필요함	4장 참고, 시청각 매체, 필기구
	대화를 통한 문제 해결력 습득	○ 감정이 완화된 후 대화를 통해 문제를 해결하는 방법을 습득하기 ○ 대화를 통한 문제해결력을 역할극을 통해 훈련하기 – 대화로 문제를 해결하려 할 때는 부모의 자기주장보다는 경청과 공감, 자녀의 입장에 서서 이야기하는 것이 효과적임	

강의 및 토론	반항적인 행동의 감소를 위한 환경조성	○ 반항적인 행동의 감소를 위한 환경의 중요성 이해하기 – 직간접적인 폭력적 환경의 제거 및 감소와 매체 이용에 대한 부모의 적극적인 개입이 필요함	–
마무리	돌아보기 및 내다보기	○ 본 회기에서 기억에 남는 내용, 느낌 나누기, 질문 받기 ○ 과제: 감정완화와 자녀와의 대화를 통한 문제해결 직접 경험하여 오기	–

4회기: 한계 설정 훈련

주제		활동내용	준비물
도입	인사	○ 과제 이행 여부 확인 및 한 주 소감 나누기 ○ 본 회기의 내용 간단히 소개	이름표
강의 및 토론	한계의 필요성 이해 및 한계 설정 방법 알기	○ 자녀의 요구나 행동에 대한 한계 설정이 필요함을 이해하고, 효과적인 한계 설정 방법 습득하기 – 한계 설정을 통해 자녀는 자기통제, 자율성, 책임감을 학습하게 됨 ○ 한계 설정의 4단계: 감정 읽어 주기 → 한계점을 분명히 제시 → 선택권을 부여함 → 한계를 지키지 않았을 경우의 결과나 대가를 설정하고 체험하게 함	4장, 6장 참고 필기구
역할극 및 시연	한계 설정 방법 훈련	○ 각자의 사례를 제시하여 한계 설정 과정을 연습하기	
마무리	돌아보기 및 내다보기	○ 본 회기에서 기억에 남는 내용, 느낌 나누기, 질문 받기 ○ 과제: 각자의 사례로 연습한 한계 설정 과정을 가정에서 실천해오기	–

5회기: 자기격려 · 박수쳐 주기

주제		활동내용	준비물
도입	인사	❍ 과제 이행 여부 확인 및 한 주 소감 나누기 ❍ 과제 본 회기의 내용 간단히 소개	이름표
강의 및 토론	전체 프로그램 내용 복습	❍ 1회기부터 4회기까지의 내용을 돌아보는 시간을 갖기 – 부모의 언어와 행동의 중요성, 일관성 있는 양육 태도와 반복학습이 중요함 ❍ 자녀의 실수는 학습의 기회임을 인식하기 – 단기간에 자녀가 달라지고 관계가 개선되지는 않음을 수용하고, 인내심을 갖고 지속적으로 실천할 것을 강조함	4장, 6장 참고 필기구
마무리	편지 쓰기	❍ 사랑하는 자녀에게, 자기 스스로에게, 혹은 함께 활동했던 동료에게 격려와 칭찬의 편지 작성하기	
	수료증 수여 및 마무리	❍ 수료증을 수여하고 서로에게 박수 보내기 ❍ 인사 나누고 프로그램 종료하기	6장 참고

나는 할 수 있다!

제목: WORST 3 절대 안하기
이름: ○○○(○○세)
기간: 20○○. ○○. ○○~ 20○○. ○○. ○○

♬ 이 말은 쓰면 안 돼요~! WORST 3

WORST 1	
WORST 2	
WORST 3	

1. 마일리지를 모아 보자!!

( )는 받을 수 있는 마일리지 점수

WORST 3 대신 하는 표현 사용	4/1	4/2	4/3	4/4	4/5		
네가 그러는 게 정말 싫어. (1점)							
네가 그렇게 하면 정말 서운해. (2점)							
네가 ~하게 해 주었으면 좋겠어. (3점)							

마일리지를 받을 수 있는 행동	4/1	4/2	4/3	4/4	4/5		
선생님 심부름하기(2점)							
1인 1역 하기(3점)							
아침에 교실 창문 열기(1점)							
잔반 없이 식사하기(2점)							
일기 쓰기(3점)							
가방 걸기(1점)							

2. 너무 하고 싶었던 그 일~! 마일리지 내고 할래요!!

(　　)는 차감해야 하는 마일리지 점수

마일리지로 얻을 수 있는 혜택	5/1	5/6	5/8			
하루 짝꿍 내 맘대로 선택하기(5점)						
1시간 자유 갖기(5점)						
수업시간에 읽고 싶은 책 읽기(6점)						
앉고 싶은 자리 앉기(5점)						
주말에 영화 보기(10점, 가정에서)						
축구공 선물 받기(20점, 가정에서)						

강진령(2008). 상담심리용어사전. 파주: 양서원.

강진령(2013). 상담과 심리치료(개정판). 파주: 양서원.

강진령 역(2008). 간편 정신장애진단통계편람[DSM-IV-TR, Mini-D]. 미국정신의학회 저. 서울: 학지사. (원저는 2000년에 출판)

강진령, 연문희(2009). 학교상담(개정판). 파주: 양서원.

김동연, 이근매(1998). 분노와 적개심을 지닌 아동의 미술치료 효과. 미술치료연구, 5(2), pp. 25-45.

김붕년, 정광모, 조수철, 홍강의(2005). 반항성 도전장애 아동과 연관된 공존 증상 및 위험 요인에 관한 연구. 소아청소년 정신의학, 16(1), pp. 78-89.

김태련, 강우선, 김경은, 김도연, 김문주, 박랑규, 서수정, 양혜영, 이경숙, 장은진, 정은정, 조현섭, 허묘연(2003). 발달장애 심리학. 서울: 학지사.

박경, 최순영(2009). 심리검사의 이론과 활용(2판). 서울: 학지사.

서울시 소아청소년 광역정신보건센터(2007). 아동, 청소년 정신건강 선별조사를 위한 가이드 북. 서울: 서울시 소아청소년 광역정신보건센터, pp. 39-40.

서울시학교보건진흥원(2005). 서울시 소아 청소년 정신장애 유병률 조사 역학사업보고서. Retrieved September 14, 2009, from http://blutouch.net/

서울특별시교육청(2002). 우리 학급 생활지도 어떻게 할까?: 학급담임 학생 생활지도 핸드북. 서울: 서울특별시교육청.

신민섭, 김수경, 김용희, 김주현, 김향숙, 김진영, 류명은, 박혜근, 서승연, 이순희, 이혜란, 전선영, 한수정(2003). 그림을 통한 아동의 진단과 이해: HTP와 KFD를 중심으로(증보판). 서울: 학지사.

옥금자(2007). 집단미술치료 방법론II. 서울: 하나의학사.

유제민(2004). 아동과 청소년의 발달정신 병리학. 서울: 시그마프레스.

이은진(2005). 미술치료가 반항성 장애 아동의 공격행동과 가족관계에 미치는 영향. 정서 행동장애연구, 21(3), pp. 243-271.

이형득(1982). 인간관계훈련의 실제. 서울: 중앙적성출판사.

임승권(2002). 정신위생: 인간발달과 행동이해를 위한. 파주: 양서원.

정보인(1992). 행동수정을 통한 어린이 문제행동지도. 서울: 중앙적성출판사.

정현희(2006). 실제적용 중심의 미술치료. 서울: 학지사.

조영숙, 공마리아(2003). 반항성 장애 아동의 공격적 행동 감소를 위한 미술치료 사례 연구. 미술치료연구, 10(2), pp. 321-344.

청소년위원회 활동복지단 복지재활팀(2005). 위기청소년 통합지원체제 구축 운영방안 연구. 서울: 국가청소년위원회.

최은영, 공마리아(2008). 미술심리치료. 서울: 학지사.

Albrecht, G. L. (2006). *Encyclopedia of disability*. Thousand Oaks, CA: Sage Reference.

American Psychiatric Association. (2013). *Diagnostic and Statistical manual of Mental disorders* (5th ed.). Arlington. VA: Author.

Bandura, A. (1977). *Social learning theory*. Englewood Cliffs, NJ: Prentice-Hall.

Bob, B. & Gary, S. (2002). *The therapist's notebook for families*. Philadelphia, PA: The Haworth.

Bruce, D. B., Craig, A. A., Nicholas, L. C., & Arlin, J. B., Jr. (2005). Interactive effects of life experience and situational cues on aggression: The weapons priming effect in hunters and nonhunters. *Journal of Experimental Social Psychology, 41*, 48-60.

Bullock, B. M., Dishion, T. J., & Ponzetti, J. J. (2003). *International encyclopedia of marriage and family* (2nd ed). New York: Macmillan Reference USA.

Burke, J. D., Alison, E. H., & Loeber, R. (2010). Dimensions of oppositional defiant disorder as predictors of depression and conduct disorder in preadolescent girls. *Journal of the American Academy of Child and Adolescent Psychiatry, 49*, 484-492.

Burke, J. D., Loeber. R., & Birmaher, B. (2002). Oppositional defiant disorder and conduct disorder: A review of the past 10 years, part II review article. *Journal of the American Academy of Child and Adolescent Psychiatry, 41*, 1275-1293.

Capaldi, D. M., Crosby, L., & Stoolmiller, M. (1996). Predicting the timing of first sexual intercourse for at-risk adolescent males. *Child Development, 67*, 344-359.

Cicchetti, D. & Lynch, M. (1993). Toward an ecological/transactional model of community violence and child maltreatment: Consequences for children's development. *Psychiatry, 56*, 96-118.

Cicchetti, D. & Toch, S. L. (2000). WAIMH Handbook of Infant Mental Health. In J. D. Dsofsky, & H. E. Fitzgerald (Eds.), *Child maltreatment in the early years of life*, 257-294. New York: John Wiley & Sons.

Darity, W. A., Jr. (2008). *International encyclopedia of the social sciences* (2nd ed). Detroit, MI: Macmillan Reference USA.

David, A. W. & Eric, J. M. (2008). *Abnormal child psychology.* Stanford, CA: Cengage Learning.

David, R. S. & Katherine, K. (2006). *Developmental psychology: Childhood and adolescence.* Stanford, CA: Wadsworth.

Dumas, J. E., LaFreniere, P. J., & Serketich, W. J. (1995). "Balance of power": A transactional analysis of control in mother-child dyads involving socially competent, aggressive, and anxious children. *Journal of Abnormal Psychology, 104*(1), 104-113.

Eric, J. M. & Russell, A. B. (2002). *Child psychopathology.* New York: Guilford.

Eric, M. A. & Lynley, H. A. (2009). *Psychology of classroom learning: An encyclopedia.* Detroit, MI: Macmillan Reference USA.

Ferrara, M. H. (2010). *Human Diseases and Conditions* (2nd ed). Detroit, MI: Charles Scribner's Sons.

Fraser, M. (1996). Aggressive behavior in childhood and early adolescence: An ecological-developmental perspective on youth violence. *Social Work, 41,* 347-361.

Freud, S. (1995). *The basic writings of Sigmund Freud.* New York: Modern Library.

Frey, R. J. & Key, K. (2012). *The Gale encyclopedia of mental health* (3rd ed). Detroit, MI: Gale.

Fundukian, L. J. (2011). *The Gale encyclopedia of medicine* (4th ed). Detroit, MI: Gale.

Harris, M. & Thackerey, E. (2003). *The Gale encyclopedia of mental disorders* (2nd ed). Detroit, MI: Gale.

Henggeler, S. W., Schenward, S., Borduin, C., Rowland, M., & Cunningham, P. (1998). *Multisystemic treatment of antisocial behavior in children and adolescents.* New York: Guilford.

Herbert, C. Q. & Anne, E. H. (1999). *Handbook of disruptive behavior disorders.* New

York: Springer.

Jaffee, S., Caspi, A., Moffitt, T. E., Belsky, J., & Silva, P. (2001). Why are children born to teen mothers at risk for adverse outcomes in young adulthood? Results from a 20-year longitudinal study. *Development and Psychopathology, 13,* 377-397.

Jean, E. D. & Wendy, J. N. (2002). *Abnormal child and adolescent psychology.* Boston: Allyn & Bacon.

Kingston, L. & Prior, M. (1995). The development of patterns of stable, transient, and school-age onset aggressive behavior in young children original research article. *Journal of the American Academy of Child & Adolescent Psychiatry, 34,* 348-358.

Kupersmidt, J. B., Bryant, D., & Willoughby, M. (2000). Prevalence of aggressive behaviors in head start and community child care programs. *Behavior Disorders, 26,* 42-52.

Lorenz, K. (2005). *On Aggression* (2nd ed). London: Routledge.

Putallaz, M. & Bierman, K. L. (2005). *Aggression, antisocial behavior, and violence among girls: A developmental perspective.* New York: The Guilford.

Seligman, M. E. P. (2004). *Authentic happiness.* New York: Arthur Pine Associates.

Tisseron, S. (2000). TV 폭력 영상이 미성년자에게 미치는 영향. 한국방송영상산업진흥원. http://www.kbi.re.kr/

van Goozen, S. H., Matthys, W., Cohen-Kettenis, P. T., Buitelaar, J. K., & van Engeland, H. (2000). Hypothalamic-pituitary-adrenal axis and autonomic nervous system activity in disruptive children and matched controls. *Journal of the American Academy of Child and Adolescent Psychiatry, 39,* 1438-1445.

Vitaro, F., Gendreau, P. L., Tremblay, R. E., & Oligny, P. (1998). Reactive and proactive aggression differentially predict later conduct problems. *Journal of Child Psychology and Psychiatry and Allied Disciplines, 39,* 377-385.

Young, B. J., Furman, W., & Jones, M. C. (2012). Changes in adolescents' risk factors following peer sexual coercion: Evidence for a feedback loop. *Development and Psychopathology, 24,* 559-571. http://cafe.daum.net/edubonjil

저자소개

■ 강진령 / Jin-ryung Kang

미국 인디애나 대학교 상담심리학 석사(M.S.) · 박사(Ph.D)

미국 일리노이 주립대학교 임상인턴

미국 플로리다 대학교 초빙교수

한국청소년상담원 상담교수

현 경희대학교 교육학과 교수

〈주요 저 · 역서〉

APA 논문작성법(제6판)(역, 학지사, 2013)

학교 집단상담(학지사, 2012)

집단과정과 기술(학지사, 2012)

집단상담과 치료(학지사, 2012)

집단상담의 실제(제2판)(학지사, 2011)

학교상담: 학생 생활지도(제2판)(공저, 양서원, 2010)

상담심리치료 실습과 수련감독 전략(역, 학지사, 2010)

상담과 심리치료(양서원, 2009)

상담자 윤리(공저, 학지사, 2009)

상담심리용어사전(양서원, 2008)

간편 정신장애진단통계편람/DSM-IV-TR: Mini-D(역, 학지사, 2008) 외 다수

■ 윤소민 / So-min Yun

한국교원대학교 교육학과 상담심리 전공 석사

경희대학교 교육학과 상담심리 전공 박사

경희대학교 교육대학원 겸임교수

경기도 교육연구원 초빙연구원

현 신안초등학교 교사

〈주요 논문〉

학교 밖 청소년의 욕구조사를 통한 정책개발 연구(2013)

강점기반 진로상담 프로그램이 초등학생의 진로성숙도와 성취동기에 미치는 효과(2013)

반항적인 아동·청소년 상담
Counseling for Oppositional Defiant Children and Adolescents

2014년 5월 30일 1판 1쇄 발행
2021년 9월 25일 1판 3쇄 발행

지은이 • 강진령 · 윤소민
펴낸이 • 김 진 환
펴낸곳 • ㈜ **학지사**

      04031 서울특별시 마포구 양화로 15길 20 마인드월드빌딩 5층
대표전화 • 02) 330-5114   팩스 • 02) 324-2345
등록번호 • 제313-2006-000265호

홈페이지 • http://www.hakjisa.co.kr
페이스북 • https://www.facebook.com/hakjisabook

ISBN 978-89-997-0391-1 93180

정가 **15,000원**

이 도서의 국립중앙도서관 출판시도서목록(CIP)은 서지정보유통지원시스템
홈페이지(http://seoji.nl.go.kr)와 국가자료공동목록시스템(http://www.nl.go.kr/kolisnet)
에서 이용하실 수 있습니다.
(CIP제어번호: CIP2014016088)

출판 · 교육 · 미디어기업 **학지사**

간호보건의학출판 **학지사메디컬** www.hakjisamd.co.kr
심리검사연구소 **인싸이트** www.inpsyt.co.kr
학술논문서비스 **뉴논문** www.newnonmun.com
원격교육연수원 **카운피아** www.counpia.com